ギター・スケールを覚えないでアドリブをはじめる方法

いちむら まさき 著

Rittor Music

はじめに
Prologue

スケールを覚えなくても**アドリブはできます！**

オーソドックスなロック＆ポップスでアドリブするのに、何個ものスケール（音階）はいりません。

もくじ
Contents

はじめに 003
Introduction ──本書を読み進めるにあたって 008

第1章　アドリブるキッカケを持ってしまおう！ 015

2音ではじめてみる　CD Track 01 016
4音でアドリブる　CD Track 02 017
6音でアドリブる　CD Track 03 018
8音でアドリブる　CD Track 04 019
12音でアドリブる　CD Track 05 020
ここまでのまとめ 021

第2章　テクニックを散りばめよう！ 023

チョーキングを使う1　CD Track 06 024
チョーキングを使う2　CD Track 07 025
コード進行を把握する　CD Track 08 026
チョーキングの種類　CD Track 09 027
スライドを使う1　CD Track 10 028
スライドを使う2　CD Track 11 029
経過音を使う　CD Track 12 030
ハンマリングとプリング　CD Track 13 031
ロング・トーンを使う　CD Track 14 032
休符を交える　CD Track 15 033
音を止める1　CD Track 16 034
音を止める2　CD Track 17 035
区切りフレーズ　CD Track 18 036
半音下から弾きはじめる　CD Track 19 037
複音フレーズを交える　CD Track 20 038
飛び道具フレーズ　CD Track 21 039
運指を考える　CD Track 22 040
例外的な運指に慣れる　CD Track 23 042
ここまでのまとめ 043

第3章 フレーズ崩しを身につけよう！　045

- ベース・フレーズを崩す1　CD Track 24　046
- ベース・フレーズを崩す2　CD Track 25　047
- リフを崩す　CD Track 26　048
- リフをさまざまなポジションに置き換える　CD Track 27　049
- オクターブ奏法を使う　CD Track 28　050
- BOXポジションを崩す　CD Track 29　051
- あえて崩さない　CD Track 30　052
- 崩しエクササイズ　CD Track 31　053
- ここまでのまとめ　054

第4章 リズムに乗る秘訣！　057

- リズムの基本　058
- テンポ・キープのコツ　059
- リズムの練習方法　060
- リズムの重要性　061
- ミュートのこと　062
- ブラッシングでリズム・エクササイズ　CD Track 32　063
- カッティング　CD Track 33　064
- カッティングからアドリブ　CD Track 34　065
- リズム・チェンジ　CD Track 35　066
- コード・カッティング1　CD Track 36　067
- コード・カッティング2　CD Track 37　068
- 裏から弾きはじめる　CD Track 38　069
- ここまでのまとめ　070

第5章 ブルース進行でアドリブろう！　073

- シャッフルを知る　074
- ブルース・アドリブは1ポジションでOK！　075
- まずはコード進行を確認　CD Track 39　076

ブルース・アドリブに挑戦　CD Track 40　　077
E7ポジションを交える　CD Track 41　　078
繋ぎとエンディング　　079
バッキングの重要性　CD Track 42　　080
Eブルースを弾こう1　CD Track 43　　082
Eブルースを弾こう2　CD Track 44　　083
ここまでのまとめ　　084

特別ページ　種明かし　　087

そのコードで使える音はほぼ決まっている　　088

第6章　ギター指板の秘密　　093

ドレミファソラシドの秘密　CD Track 45　　094
チューニングの秘密　　095
コードの秘密　CD Track 46　　096
ハーモニーの秘密1　CD Track 47　　097
ハーモニーの秘密2　CD Track 48　　098
ハーモニーの秘密3　CD Track 49　　099
経過音で繋ぐ　　100
コード・フォームから経過音を導く　　101
Cキーで慣れること　CD Track 50　　102
ここまでのまとめ　　104

第7章　指の動きをこう考えよう！　　107

指には役割分担がある　　108
4フレットの並び　CD Track 51　　110
組み合わせで手癖を増やそう　CD Track 52　　111
同フレットに移動する手癖を持とう！　CD Track 53　　112
同音を連続させる練習　CD Track 54　　113
フレーズを作るとは？　　114

第8章　コードがわかっていない曲でアドリブ！　117

6弦の1音でここまで見つかる　`CD Track 55`　118
セブンス音の見わけ方　`CD Track 56`　120
すべてのまとめ　122
BOXポジション早見表　124
CD Track 57〜59の答え　`CD Track 57`〜`CD Track 59`　125

コラム

簡単なことに真髄がある　**022**
弦をハジケば音は出る　**044**
真似の次に崩しがある　**056**
絶対音感はいらない　**072**
口で言えば上達する　**086**
理解よりもトライを先に　**092**
「かえるのうた」はハーモニーの基礎　**106**
耳コピをするほど手癖は増える　**116**

おわりに　**127**

Introduction
- 本書を読み進めるにあたって -

　ある程度のギター・プレイが弾けるようになると「アドリブ（その場で思いついたフレーズを即興で弾くこと）」にチャレンジしたくなります。その時に、「アドリブを弾くには、スケール（音階）を何種類も覚えないといけない」と思い込んでいる人が多いようです。もしジャズやフュージョンをやるなら多くのスケールを知っていた方が良いかもしれませんが、オーソドックスなロックやポップスにはスケールの知識はそれほど必要ありません。**有名ロック・ギタリストの中にもスケールを覚えていない人は大勢います**。しいて言えば「ドレミファソラシド」に代表されるダイアトニック・スケールには慣れておくべきですが、それ以外のスケールはこのダイアトニック・スケールの順番を変えたり、少し配列を変えたものがほとんどです。無理に覚える必要はないでしょう。

　アドリブには、いろいろな音配列の名称（スケール）を記憶することよりも、アドリブで使う**「フレット・ポジションをチョイスする」**ことの方が重要です。そして、**徹底的に「ドレミファソラシド」の音程差に慣れること**が大事です。中級者さんが往々にして陥るのは「ドレミファソラシドを完全に把握していないのに、ほかのスケールに手を出して、結局、どのスケールも身につかない」ことです。これではアドリブはできません。まずはドレミファソラシドの音程差をしっかり把握すること。これがアドリブへの正攻法です。

　本書はさまざまなスケールを「用いず」にアドリブする方法を順番にトライしていきます。「アドリブ」と聞いて難しく感じる必要はありません。初級者の人も気軽に取り組んでみてください。早い段階からアドリブにトライしていった方がより音楽を楽しめるはずです。

最初にアドリブのコツを説明しちゃいます

最初からカッコ良いアドリブを弾こうと思わなくていい

　誰だって、初めてアドリブした時は、それほどカッコ良いフレーズが弾けるわけではありません。何度もくり返していくうちに、徐々にカッコ良くなっていくのです。すなわち**「カッコ悪いフレーズ」をたくさん弾いて、だんだん「カッコ良いフレーズ」が弾けるようになっていく**のです。ギターをはじめたばかりの時に、すぐにカッコ良く弾けたわけではなく、徐々に弾けるようになってきたはずです。よって、第1章あたりの譜例を弾くことを（誰も聴いてないのだから）恥ずかしがらず通過してこそ、流暢なアドリブに到達すると思ってください。

弾いて似合わない音は弾かなきゃ確認できない

　「どう弾いていいのかわからない」という気持ちは、「間違っちゃダメ」という思い込みです。間違いを恐れて最初の一歩が踏み出せないのです。トライしなければ永久に弾けるようにはなりません。そのコード進行に似合わない音を弾いてこそ、似合う音のチョイスが上手になっていきます。**「弾いて良いフレット」は「弾かない方が良いフレット」を弾いてこそ、わかるもの**です。積極的なプレイを心がけ、たくさんの失敗を通して上達していってください。

● INTRODUCTION　本書を読み進めるに当たって

弾き続けることがアドリブではない

　アドリブをはじめた初期の頃は「弾き続けないといけない」と思いがちですが、「休符」も「ロング・トーン」も「同じ音の連続」もアドリブです。音を出すことと同じくらい音を出さないことにも意味があり、「間」を作ることもアドリブの一部だと考えましょう。「何を弾くべきか考える」という瞬間があっても、それも「次のフレーズを思いつくための間」です。「**吐きっぱなしはダメ、呼吸しなきゃ**」です。

弾けてこそ

　我々は、なんらかの教育を受けて日本語を喋れるようになったわけではありません。赤ちゃんの頃から親などの声を聞いて、真似しながら喋れるようになりました。外国の子供たちも習わなくても英語を喋れるようになったはずです。なのに日本の学校教育は、どちらかと言えば文法勉強から英語を習得するよう促されます。英語のペーパー・テストで100点をとれても、外国の方と喋れるわけではありません。テストで100点をとれなくても、英語が喋れる人はいます。楽器も似ています。理論に詳しくても弾けなければ意味がなく、**理論がわからなくても弾ければ良い**のです。また、弾けないうちに理論書を読んでも理解できないものですが、弾けるようになってから理論書を読むと理解できるようになります。そういうものです。音が先です。

表と裏をわかって弾くこと

　フレーズは足踏みしながら弾けないと、本当にリズムに乗っているとは言えません。**上級者が足踏みをしないのはアリ**ですが、初〜中級者の人は、必ず足踏みしながら練習しましょう。

　また、第4章でリズムについて触れますが、ミュージシャンは基本的に「リズムの表拍と裏拍」を把握して楽器を弾いています。簡単なストロークは別として、リード・ギター時には、16分音符を基準として、**表拍はダウンで、裏拍はアップでピッキング**したいです（下図）。譜例のように8分音符が連続する場合も、アップで空振りを挟んでダウン・ピッキングをしましょう。「好きに弾く」アドリブですが、あまりにも自由に弾いているとリズムとしてズレていきます。第1章は8分音符中心ですので、ダウンでピッキングし、第2章から「表拍はダウン、裏拍はアップで弾くもの」と意識してトライしてください（P.059も参照）。

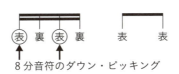

8分音符のダウン・ピッキング

▼CD Track 01 の6小節目

有名ギタリストもリズムは命

　海外でも国内でも、スケール名を知らないギタリストはたくさんいます。ロック系のギタリストの多くが理論を学んでいません。スタジオ・ミュージシャンの中にもスケールを知らないままレコーディングをしている人はいます。ただし、彼らのリズム感は「バッチリ」なのです。スケール名は知らなくてもいいですが、リズムが悪いのはNOなのです。

　「生まれつきリズム感がない」と諦めるのは損です。「努力」で向上します。訓練しない人は、そのままです。誰だって「リズム悪い」と言われるよりも「あの人のリズム感は良いなぁ」と言われたいはずであり、「去年よりも今年のほうが、今年よりも来年のほうがリズムが良い人」になっていたいです。それは可能です。ギター・テクニックを習得する訓練をするのと同じだけの、リズム訓練はしたほうが良いです（本書ではリズム訓練を含めた譜例も用意しています）。

練習は時間じゃない

　練習の時間量が多ければ上達するわけではありません。効率の良い練習方法を認識することと、どちらかと言えば、「私は、これが弾けるようになる」という「思い込み」のほうが大切です。憧れの対象に近づきたいと願う気持ちがモチベーションとなり、その具現化は、「考え方」と、トライ＆エラーの精神です。

本書について

根本的な奏法について

　本書では、TAB譜の見方や、テクニックの方法は説明していません。そういう本は、たくさん発売されていますので、そちらをご覧ください。また、図にはポジションを押さえるのに相応しい指名を示しておりますので、その運指ではじめるとして、図をギター・ネックの指板フレットに当てはめるイメージで攻略していってください。

指板図について

　本書の指板図には、アドリブにおいて頻繁に弾いて良い音を「●」、時々弾いて良い音を「○」で表示します。そして、●の位置を把握しやすくするためにその囲った枠を「BOX」と呼び、ダイアグラムに掲載しています。BOXの種類は以下の3種類があります。

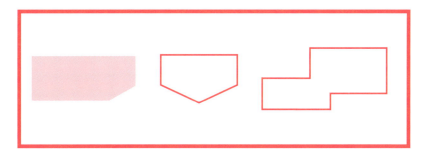

　このBOXがどういったものなのかは本書を読み進めるに従って説明していきます。ひとまずはアドリブ・ポジションを把握しやすくするためのものといったイメージで見ておいてください。

● INTRODUCTION　本書を読み進めるに当たって

付属 CD と譜例について

付属 CD の各トラックでは、前半に「こんな感じで弾く」というプレイが入っており、それと同じようなコード進行を、もう一度くり返すカラオケが後半になっています（第 6 章を除く）。くり返しの回数は各譜例に表記しました。

筆者がアドリブで弾いている前半は、できるだけ掲載 TAB 譜例どおりに、同時に弾いてください。どうしてもプレイできそうにないフレーズは、いずれ、そんな感じで弾けるようになることも目標として「そんなようなプレイ」でアドリブにトライしてください。逆に可能そうな人は、譜例を見る前に耳コピにトライしてください（図は見ても OK）。

第 9 章の CD Track は、キーもコードも分からないままトライしていただくカラオケです。本書をやり終えたら、気に入った CD Track で何度もアドリブの練習をしてください。

なお、CD Track での演奏では音楽系統によって、多少のエフェクター（おもに歪み系）を使用したギター音も含まれています。

本書のプレイ動画

本書の譜例のアドリブ例をプレイした動画を、本書発売時期から少しずつ YouTube にアップしていきます。「いちむらまさき」か「ギター・スケールを覚えない」で検索してみてください。

第1章
Chapter:1

アドリブるキッカケを持ってしまおう！

第1章では、まず深いことは考えず「これでもアドリブ」というすごく簡単なことからはじめます。はじめてみないことには、流暢なフレーズも弾けるようにはなりません。「どの音を弾くか」よりも、まずは「トライ＆エラーに慣れること」です。

2音ではじめてみる

P.010〜P.013のコツを読んでから、**CD Track 01**に合わせ下図の2ヵ所の音を適当に弾いてみてください。下記譜例はその一例です。

4音でアドリブる

今度は下図4ヵ所の音で弾いてください（下記譜例はその一例）。薬指の3弦7フレットは（全音でも半音でも）チョーキングしてOK。ちなみに全音チョーキングだと2弦5フレット音と同音になります。

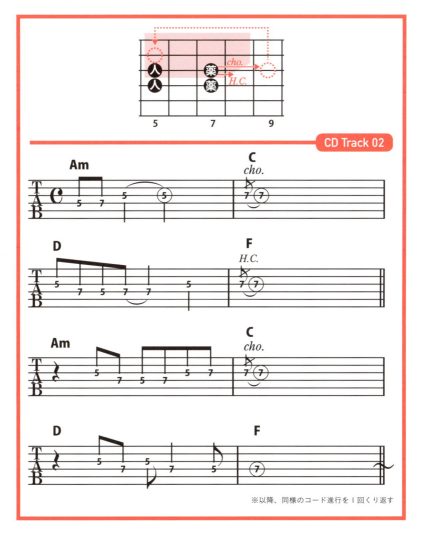

※以降、同様のコード進行を1回くり返す

6音でアドリブる

6ヵ所の音で弾いてみましょう。P.017のチョーキングに加えて、薬指の2弦8フレットは全音チョーキングしても良いです（その音は1弦5フレット音と同音になります）。譜例も参考にしてみてください。

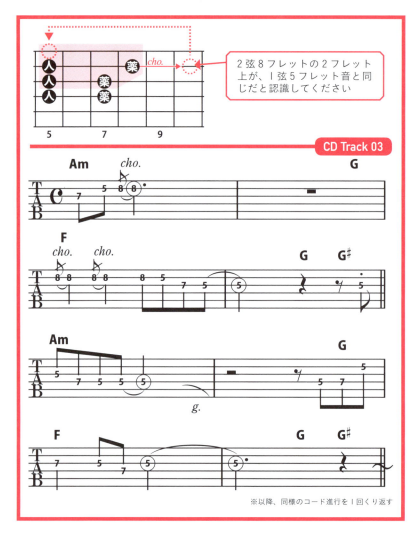

※以降、同様のコード進行を1回くり返す

8音でアドリブる

　使う音を8音まで増やしました。これまでのチョーキングに加えて、薬指の1弦8フレット（10フレットと同音）と4弦7フレット（3弦4フレットと同音）は全音チョーキングしてOKです。

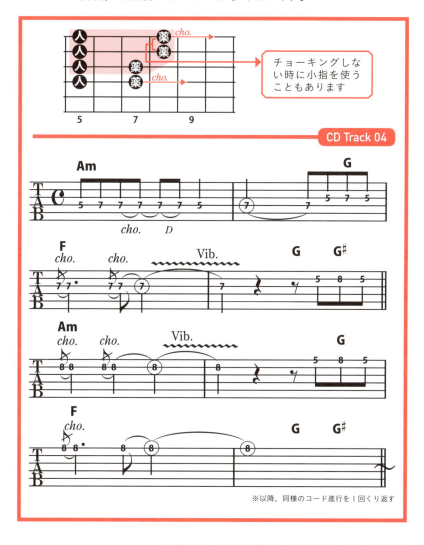

12音でアドリブる

12音で弾いてください。6弦8フレットは小指で押さえます。

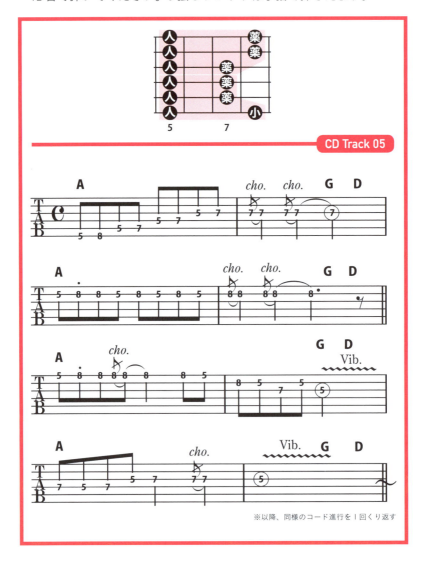

Chapter:1 ここまでのまとめ

1小節のフレーズを8分音符で作るとして、（例えば、P.016の「ドかレ」の2音で）**「ドを弾く」「レを弾く」「ミュートして休符」**の3つを使う組み合わせだけでも6561通りの組み合わせができます。16分音符だとすると4千万通り以上です。さらに、「ド」か「レ」を弾いた直後には**「ミュートしないで前の音を伸ばす」**行為も加わります。これに音数を増やし、チョーキングなどのテクニックを加え、数小節となると、ほぼ無限です。音の組み合わせに限界などないということを、まず知ってください。本当はたった2音で弾くだけでも「マンネリ・フレーズは打破できるはず」なのです。

なお、第1章で弾いた音を合計すると下図になり、オクターブを考えなければ全部で5音しかありません。これにハーフ・チョーキングで作る「レ♯」音を足せば、ロックのアドリブで使う基本ポジションをフォローしたことになります。

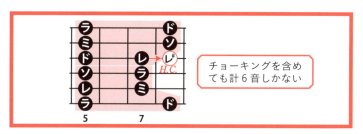

第1章に出てきたコードは「**C、Am、D、F、G**」などよく使われるものです。コード進行はどうであれ、上図のポジションで問題なく弾けたと思います。もし**E♭**など他のコードが出てきた時も、この図をポジションをそのままズラして使えばすぐに対応することができます。次の章に進みましょう。

●第1章 アドリブるキッカケを持ってしまおう！

Column

簡単なことに真髄がある

　講師もしている僕（筆者）には生徒さんがいます。チョーキングもできて10曲ほどは弾けるようになった生徒さんに「アドリブしてみよう」と言うと、大抵の人が「どうやって弾いたら良いのか、わかりません」と応えます。それは「変な音を出すと恥ずかしい」という気持ちも含むのですが、ギター教室に来ているんだから変な音なんて出して当たり前です。それで講師は笑ったりはしませけれども、まぁ、それなら……と、アドリブの入り口を段階分けしたのが、本書の第1章です。

　生徒さんは、この第1章に値する事柄は約1時間でクリアしますので、読者のあなたもすぐにクリアできると思いますが、すぐにクリアできることなので、この章に含まれている基礎を、のちに忘れがちになっちゃうんですね。第1章での考え方は、たった2音でも限界はないので、あらゆる音配列を試す気持ちを忘れない！です。簡単なことに真髄があります。アドリブでマンネリ化の傾向が出るのは、少ない音で配列を試す回数が足りないからです。できないことが1時間で可能になるのは、トライ&エラーあってこそです。

少ない音数でも、組み合わせが無限にある

第 2 章
Chapter:2

テクニックを散りばめよう！

第1章では、少ない音数で「カッコ悪くても良いから」でアドリブをはじめてみました。この章ではそこから発展させつつ、いろいろなテクニックを駆使していきましょう。チョーキングやスライドなどの奏法には相性が良いポジションがあるので、それを紹介していきます。

チョーキングを使う I

CD Track 06 に合わせて下記のポジションを弾いてください。チョーキングも交えましょう。矢印が付いている箇所がチョーキングと相性の良いポジションになります。

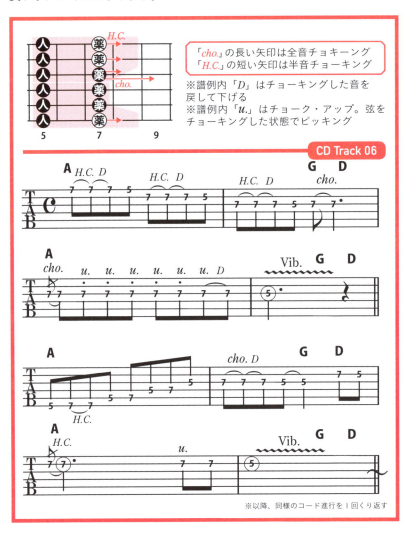

チョーキングを使う2

CD Track 07 に合わせながら下記ポジションを弾いてください。2＆1弦の薬指は全音チョーキングしてOKです。なお、これまでのポジションと少し位置が異なりますが、使用している音はほぼ同じです。

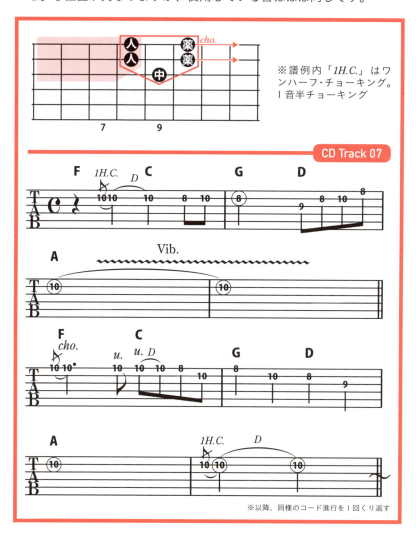

※譜例内「1H.C.」はワンハーフ・チョーキング。1音半チョーキング

※以降、同様のコード進行を1回くり返す

コード進行を把握する

　P.027のコード進行は、Cキーの代表的な進行です。これを弾く前に、ここではまずそのコード進行の4〜2弦の3音だけをアルペジオで弾いてみてください。アドリブする際に、バック演奏となるコード構成音を鳴らすのはOKなので、そのポジションを指板上で一度なぞってみると「慣れ」と「音感」が備わっていくのです。このアルペジオの中で使われている音は、**CD Track 09**の譜例の中でも使用されています。例えば3弦4フレットのB音などがそれに当たります。

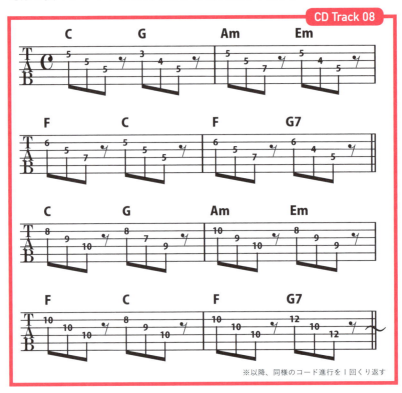

※以降、同様のコード進行を1回くり返す

チョーキングの種類

　チョーキングには「上げておいてピッキングして下ろす」「チョーキングしてから他の音を出す」「ユニゾン・チョーキング」などパターンがあります。下記譜例と CD Track 09 を参考にして、いろいろなチョーキングに慣れておいてください。

　ここから、だんだん16分音符での譜例を増やします。譜例が難しい場合は、完コピでなくても良いので、フレーズを参考として聴いて、近いニュアンスのアドリブにトライしていってください。

スライドを使う1

スライドを使うこともアドリブには有効です。下図や譜例を参照し、スライドを交えた演奏にトライしてみましょう。スライドは1回のピッキングで、上行下行を往復することもあります。

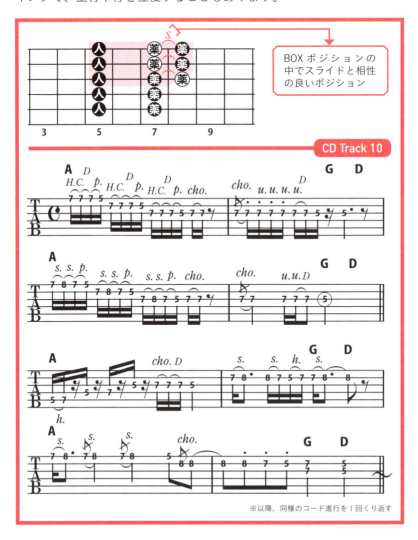

※以降、同様のコード進行を1回くり返す

スライドを使う2

こちらは全音のスライドと相性の良いポジションです。3弦7＆9フレットは中指で、5弦5＆7フレットは薬指でスライドします。

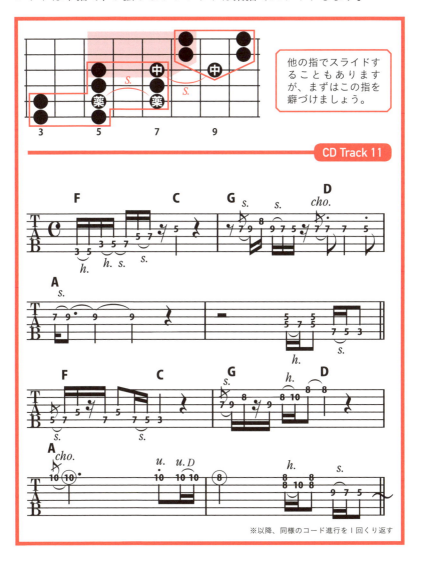

他の指でスライドすることもありますが、まずはこの指を癖づけましょう。

CD Track 11

※以降、同様のコード進行を1回くり返す

● 第2章　テクニックを散りばめよう！

経過音を使う

P.029のスライドで経過した5弦6フレットと3弦8フレットは経過音として使用してもOKです（下図では○で表記）。経過音なのですぐに他の音へ進むようにして使ってください。

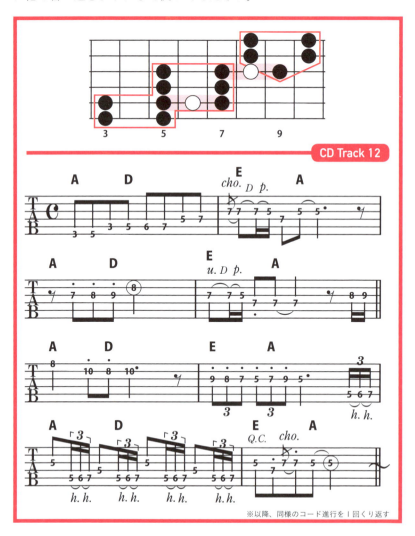

ハンマリングとプリング

ハンマリングやプリングを駆使してみましょう。下図のポジションや譜例を確認しながら挑戦してください。

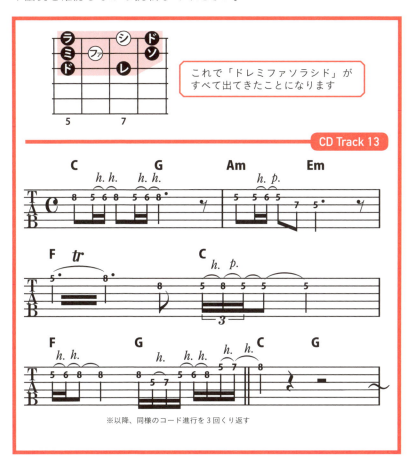

※以降、同様のコード進行を3回くり返す

● 第2章　テクニックを散りばめよう！

ロング・トーンを使う

続いてロング・トーンを交えてみます。下図「●」はロング・トーンと相性が良いです。「○」は逆に伸ばさない方が良い音です（チョーキングして●の音にするなら OK）。

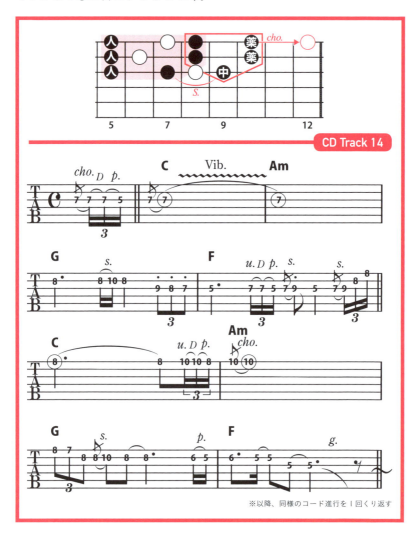

※以降、同様のコード進行を1回くり返す

休符を交える

休符を使うのもアドリブの一手。下図「●」は休符直前の音としても使えます。時々、この音でピッキングを止めてみてください。再度弾きはじめる時は、どのフレットからはじめても OK です。

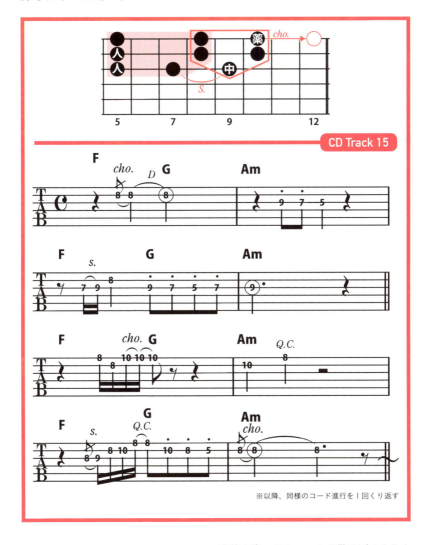

音を止める1

スライドの直後に音を止めるのもフレージングの有効な演出です。下図や譜例4、5、7小節目を参考に試して弾いてください。

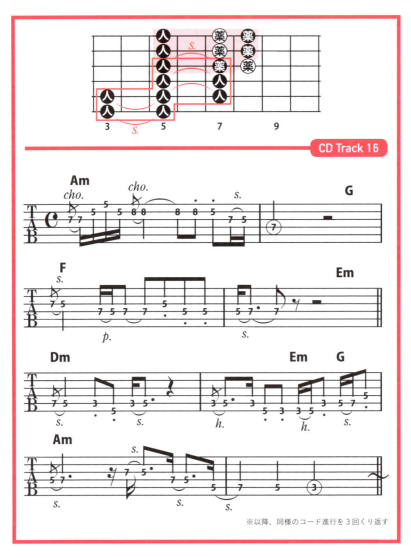

※以降、同様のコード進行を3回くり返す

音を止める2

チョーキングの直後に音を止める手法もあります。下図「●」のポジションで試してみてください。止めた瞬間に「似合ってない」と思ったら、すぐに他のフレットを弾くと良いです。

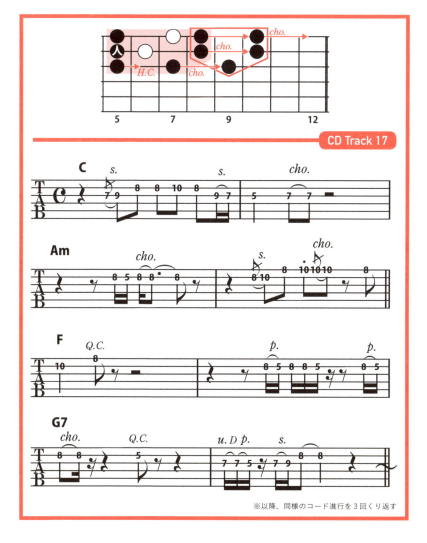

※以降、同様のコード進行を3回くり返す

●第2章 テクニックを散りばめよう！

区切りフレーズ

ミュートでフレーズを区切るアプローチ。下図「●」でのチョーキング音を区切ってみましょう。ミュートは右手で弦に触れて行います。

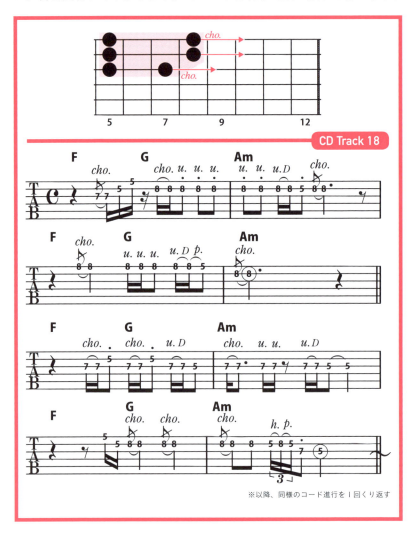

※以降、同様のコード進行を1回くり返す

半音下から弾きはじめる

出したい音の半音下（1フレット）からスライドさせて弾く方法もアドリブではよく使われます。

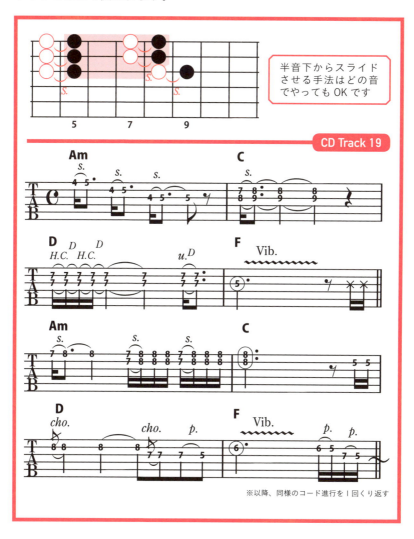

複音フレーズを交える

単音（1音）で弾くだけでなく、複音（2音以上）で音を鳴らす演奏もフレーズに変化をもたらしてくれます。下図は複音で鳴らせるポジションを示したものです。譜例ではほかのテクニックも絡めています。

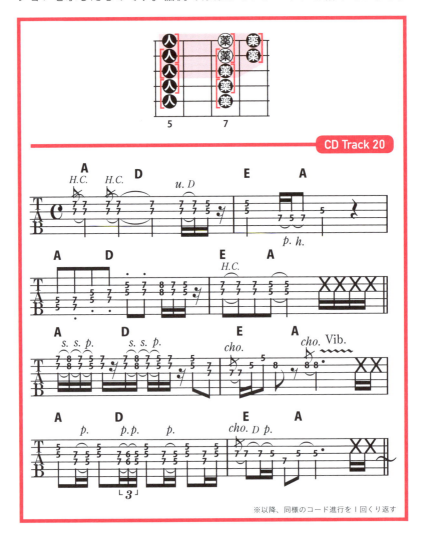

※以降、同様のコード進行を1回くり返す

飛び道具フレーズ

　下記の2音は、珍しい部類のチョイスですので、手癖をつけるつもりで弾き慣れておいてください。ただし、これは「ここぞ！」という時に使う「飛び道具」的なものです。使いすぎには注意しましょう。

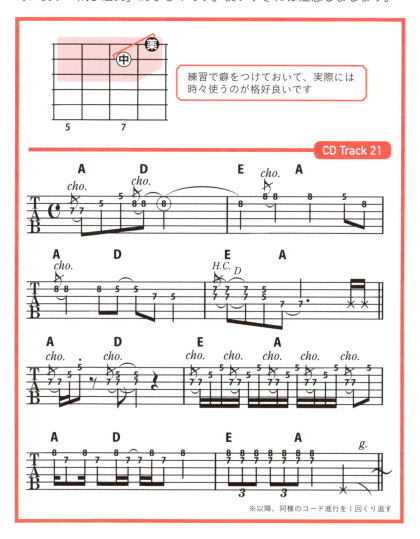

練習で癖をつけておいて、実際には時々使うのが格好良いです

●第2章　テクニックを散りばめよう！

運指を考える

　第2章で覚えてきたテクニックを駆使するには、運指、つまり効率のよい指使いに慣れておくことも重要です。運指について考えるため、ここで一度左手の4本指それぞれの特色を考えてみましょう。

☆薬指は人差指と中指を添えることで1音半チョーキングも可能
☆中指は人差指を添えることで全音チョーキングまでならできる
☆人差指は他の指を添えられないので半音チョーキングなら可能
☆小指は、力がないのでチョーキングは難しい

　個人差はあると思いますが、ほとんどの人が上記の制約下でチョーキングを行っています。ここまでの譜例では、こうした運指に慣れてもらうために、テクニックごとに運指を指定してトライしてもらいました。頭で考えるとややこしくなりますので、ここで紹介した運指に慣れることから始めましょう。下記はチョーキングを例にとった場合、BOX内でどのように指を置いておくべきかを示したものです。薬指を置くポジションによってフレージングが変化することを確認しておいてください。

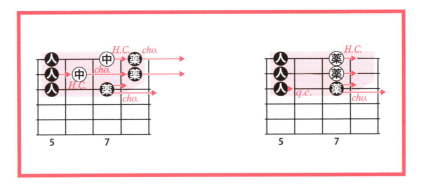

運指の重要性を実感するために、下記譜例を弾いてみてください。音の並びは普通の「ドレミファソラシド」ですが、最初のド以降の「レミファソラシド」ではチョーキングとスライドを使用しています。単に指の癖で弦を押さえると弾きにくくなるはずで、多少、考えないとスムーズに弾きこなせないかと思います。P.040のことを参考にしてトライしてみてください。

　なお、下記のフレーズはとてもシンプルなものですが、**ロック・ギター・アドリブの入り口**と言えるものです。また、「ドレミファソラシド」の音程感覚を（チョーキング込みで）指に覚えこませるフレーズでもありますので、単純なプレイですが、何度も弾いて手に馴染ませておくことをオススメします。

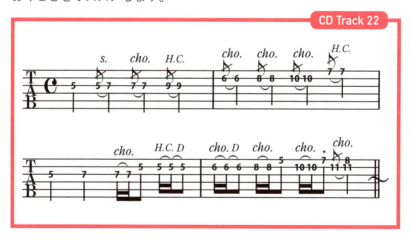

●第2章　テクニックを散りばめよう！

例外的な運指に慣れる

　下記の譜例にトライしてください。スライドが少し離れたポジションにまたがっており、これまでに慣れてきた運指だけでは弾きこなせないかと思います。逆に考えると、マンネリなフレーズばかり弾くことを打破するために、大胆なポジション移動で例外的な運指となるプレイにトライしたいです。それで音を外さないようになっていくのも「一か八か」を何度も試してこそです。そして、その蓄積で鳴らして良い音のポジションが把握できるようになります。

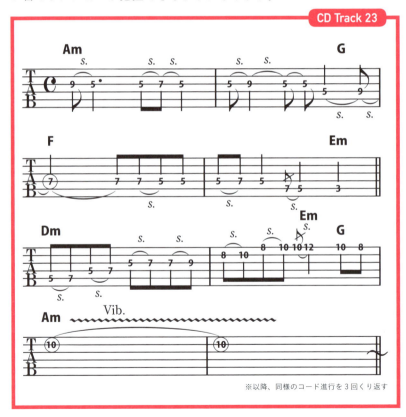

Chapter:2 ここまでのまとめ

ここまでは下記のBOXポジションを中心にさまざまなフレージング手法を紹介しました。

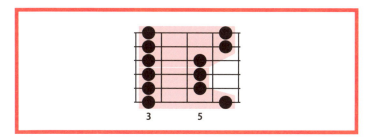

そして、このBOXポジションを左右に広げると、下記2つのポジションが見えてきます。

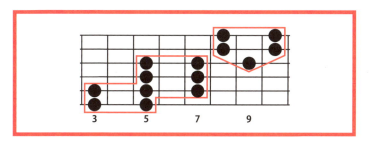

上記の3つのBOXポジションは、多くのギタリストが漠然と思い浮かべている音の集まりを具体的に表したものです。このポジションを使い分け、時には3つのBOXを混在させたプレイができるように心がけてください。本章で紹介したテクニックを交えれば、より効果的で**マンネリのない**プレイができるようになるはずです。そして、第2章で慣れてもらったのは「人差指を基点として、2 or 3フレット高音側に置いた薬指でチョーキング/ハンマリング/プリングを使う」ことです。

Column

弦をハジケば音は出る

　僕が、はじめてアドリブをしたのは、ギターをはじめて触った日（小学4年生頃）です。家に（父が買った）安いクラシック・ギターがあることに気がつき、触ってみたけれども弾き方がわからないので、好き勝手に弦をベンベンとつまびいてみました。左手で持つ棒（ネック）の区切り（フレット）を押さえてみて30分ほど、わからないけどトライしてみる、それが初アドリブです。（近所に楽器店がなく）弦がバラ売りしていることを知らなかった当初は、弦が切れたら結んで弾いていました。ピックは下敷きを切り取って作っていました。

　中学生で、友人の兄から借りたレコード『ウッド・ストック』のジミ・ヘンドリックス（曲名は「improvisation」）を聴き、高校入学時にエレキを買ってもらいました。エレキを（ギター・アンプは持っていなかったので）ステレオに繋いで、立ってジミヘンの真似をして3時間ほど弾きまくりました。ジミヘンのプレイは「アドリブで弾くものだ」と思い込んでいたのです（ある意味、合ってます）。まぁ、これまでもジミヘンのコピーを真剣にしたことは、それほどありませんが（学生時代に夢中になって聴きまくったような）脳で覚えているフレーズは、耳コピしなくても弾けるようになるものです。

フレーズは脳に浮かんでいれば弾ける

第 3 章

Chapter:3

フレーズ崩しを身につけよう！

第1章で場所を決めてアドリブしはじめ、第2章でテクニックを織り交ぜることにトライしました。その両方を手癖にしつつ、さらに第3章では「同じ音の別ポジションを認識すること」と「一定フレーズを崩していく手法に慣れること」で手癖を増やしましょう。

ベース・フレーズを崩す1

下の譜例前半をベースのフレーズだとして、後半ではそれを崩しています。ダイアグラムのポジションを参考に、**CD Track 24**に合わせて皆さんもトライしてみましょう。

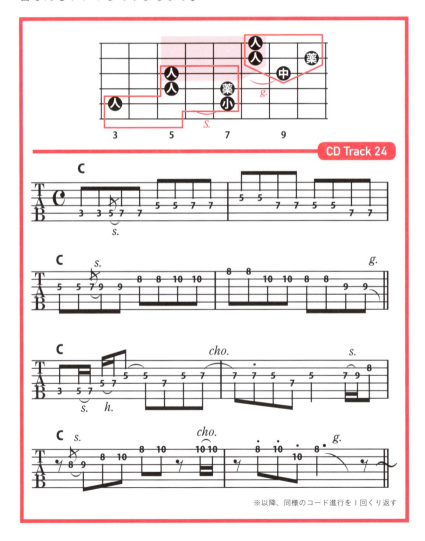

※以降、同様のコード進行を1回くり返す

ベース・フレーズを崩す2

P.046とは異なるポジションで崩しフレーズに挑戦してみましょう。まずはオクターブ違いのポジションでプレイし、その後、ダイアグラムのポジションを参考にアドリブしてください。

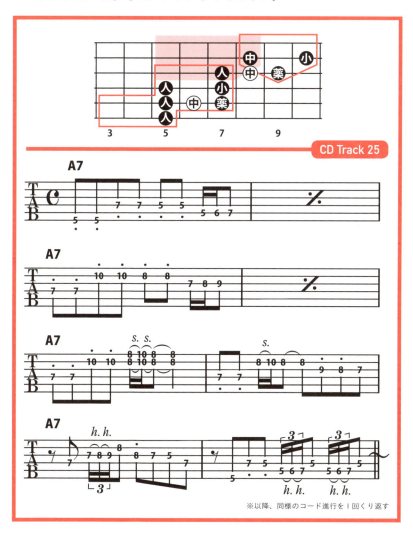

リフを崩す

譜例は **Em** コードを主体としたリフです。ポジションを確認してから、下図の音を駆使してリフを崩す形でフレーズを作りましょう。

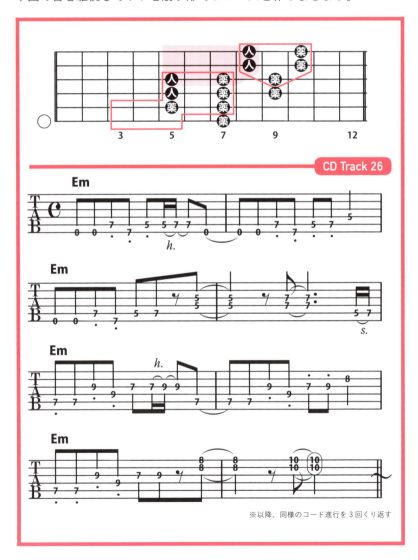

※以降、同様のコード進行を3回くり返す

リフをさまざまな ポジションに置き換える

前ページのリフ・フレーズを、別ポジションで弾いてみましょう。少々、元フレーズが崩れてもかまいません。むしろ崩しの感覚を身につけた方がアドリブは上達します。このように、ひとつのリフをモチーフとして、オクターブ違いなど異なるポジションを探して演奏するアプローチはアドリブの常套手段です。

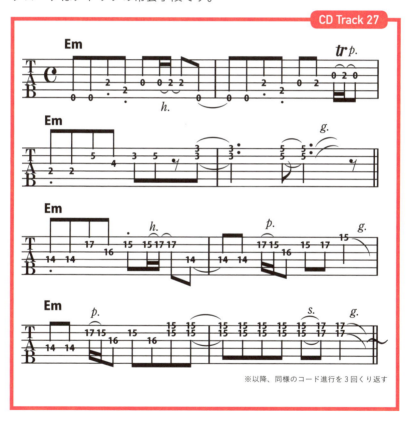

※以降、同様のコード進行を3回くり返す

オクターブ奏法を使う

　ベース・フレーズやリフを、オクターブでポジションを変えて弾いてみることは、アドリブを広げていくのに非常に有効です。ここで一度、オクターブ奏法をプレイすることで、オクターブ違いの音が存在するポジションを把握しましょう。下図はオクターブ・ポジションを線で結んだものです。低音側からの位置関係でポジションを把握しておきましょう。慣れてきたら下図とは異なるポジションでもオクターブ奏法の練習をして、とっさに行えるようにしておきたいところです。なお、ピッキングは、ピックで弾く際には間の弦をミュートします。もしくは、親指と中指で弾くフィンガー・ピッキングでも良いでしょう。下記譜例で試してみてください。

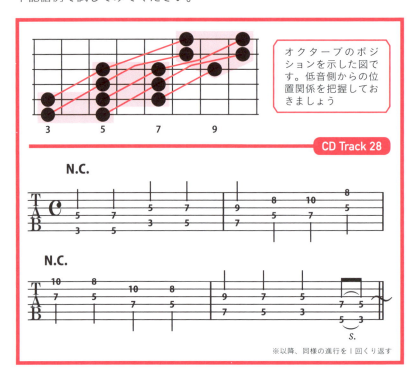

オクターブのポジションを示した図です。低音側からの位置関係を把握しておきましょう

※以降、同様の進行を1回くり返す

BOXポジションを崩す

　P.043で紹介したポジション（下図）を手癖にしてから、これにさまざまなテクニックを加えて崩す練習をしておくと、アドリブでとても役立ちます。譜例では演奏していませんが、1弦12フレットまでつなげたり、下図のように○の部分をスライドではなく経過音（P.030）として弾いてもOKです。これまで覚えてきたことを駆使して、多くのバリエーションを身につけてください。

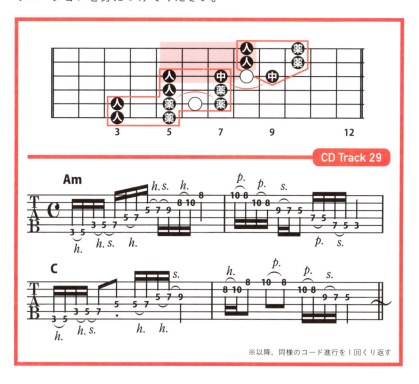

※以降、同様のコード進行を1回くり返す

● 第3章　フレーズ崩しを身につけよう！

あえて崩さない

　ここまではあるフレーズを「崩す」ことにスポットを当ててきましたが、逆に「崩さない」というアプローチもあります。同じフレーズをくり返し続けるのもアリで、それが3音使用だと拍の表と裏でずれていくのでアドリブに緊迫感と躍動感が生まれるでしょう。ここでは譜例にある以外にも自由にフレーズを作ってくり返してみてください。

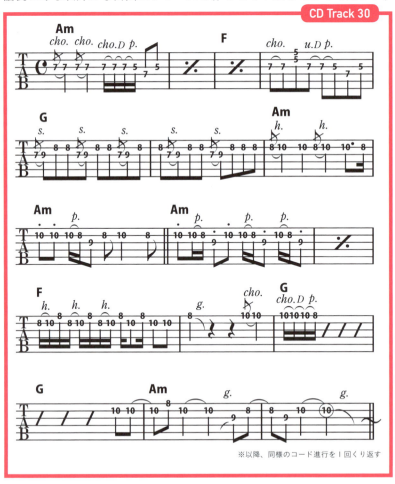

崩しエクササイズ

　本章の最後に、崩しフレーズのエクササイズをしましょう。P.052 でのくり返しフレーズを「これでもか」「まだ作れるぞ」というくらい崩しのバリエーションを考えてみてください。下記譜例はその一例。CD Track 31 では皆さんが考えたフレーズでアドリブしてください。

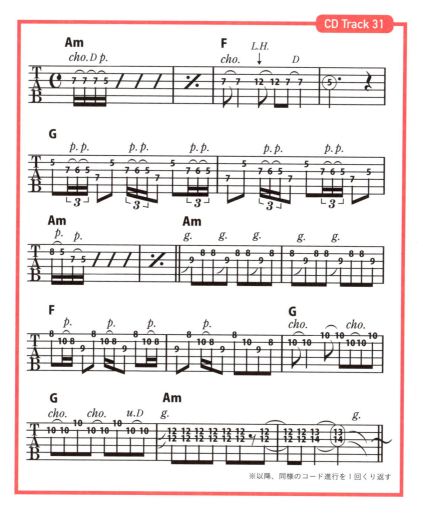

Chapter:3 ここまでのまとめ

　ロックンロールやブルースなどでは、よく耳にするベース・フレーズがありますね。それらはギタリストでも、多少口ずさめるはずです。知っているフレーズは、どこのポジションでもすぐに弾けるようにしておく、あるいは、**一回弾いたフレーズを別ポジションで弾く**練習をしてみる、さらに、それらを**崩す**、という訓練をすると、1個のフレーズが何十倍にも発展できます。また、こうした作業に慣れておくことで、より多くのフレーズをアドリブの最中に「引き出す」ことができるようになります。ここまでで、おもに下記のポジションを使いました。

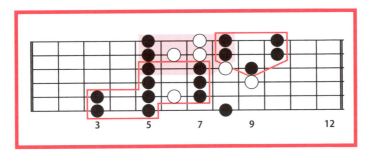

　本来、鳴らしていけない音はなく「長く伸ばすと似合わなくなる音」があるだけです。上記図のポジションは「C、Am、G、Em」キーの曲に似合います。そこを「どうして？」と考えるのが理論であり、少し難しくなっていくので「これらの音を優先して使うんだな」とまずは慣れてください。4つのキーにおいて、5弦6フレットと3弦8フレット○は経過音で、それ以外の○は使用頻度は変わるのですが、それを勘で使えるようにしていくのが、スケールを覚えない方法です。

同時に、テクニックを使うことにも慣れておきたいところです。多くの上級者はアドリブ時に多少考えをめぐらせたりもしますが、脳が考えるよりも、**先に手が動くことに慣れて**います。そこに到達するには、今の段階では、下記のような「いろいろなアプローチ」があることを思い出しながらアドリブ練習してください。それに慣れたあとには、手が勝手にいろいろなテクニックを織り交ぜながら弾けるようになります。

Column

真似の次に崩しがある

　現代に存在する楽器をプレイする以上、すでにその楽器の弾き方は確立されています。まったく別な奏法を行うには、別の楽器を自分で発明製作するくらいのことになります。世界基準で、出来上がっている奏法は、真似して習得していくので良いです。ただし、真似で終わるのではなく、そこから似ている別のフレーズを探す、これが「崩し」です。音の組み合わせは無限に近いほどありますので、真似からはじめたプレイでも、似て非なるフレーズは産まれます。

　同じようなフレーズを何度も弾いてしまうのは、手癖が少ないからです。例えば、手癖フレーズを10個しか持ってないとしても繋ぎ替えれば別フレーズになります。手癖が100個あればマンネリ化しません。「手癖」という言葉を誤解しないようにしたいです。不便な運指でフレットを押さえてしまうのは悪い手癖ですが、便利な運指でフレーズを弾く時に、良い手癖は持っていて良いですし、多ければ多いほどアドリブのプレイ幅が広がります。

手癖を増やすことが、アドリブの道

第 4 章
Chapter:4

リズムに乗る秘訣！

楽器プレイの最重要ポイントはリズム（テンポ・キープ）です。どんなにテクニックがあっても、速弾きできてもリズムに乗っていないと格好良く聴こえません。この章では、リズムに乗ることを考察し、リズム変化を操りながらフレーズを作り出していくことにトライしていただきます。

リズムの基本

「リズム・キープ」とよく耳にしますが、「リズム」は一定テンポの中で強弱によって作られるさまざまなパターンです。楽器習得で大切な「走らない」「遅れない」は「テンポ・キープ」の話です。それを「リズム感」と呼んでいると思ってください。プロ・レベルとは言わないまでも、人が聴いて「明らかにテンポがズレているというプレイ」からは脱したいものです。

うまく弾けていない照れから、足踏み訓練を怠る人が多いです。しかし、まだうまく弾けないからこそ、足踏みでテンポ・キープする訓練をしたいです。足踏みこそ、リズムの基本です。

リード・ギターでもバッキングでも、基本的な考え方は、**右手は一定のスピードで「ダウン＆アップ」し続けて**、それを崩さないことです。その場合、足踏みをする足と右腕の上下振りは、まったく同じ動きか、右腕が足の2倍のスピードとなります（下図参照）。

上級者は除きますが、音を出す時だけ腕を動かす弾き方は基本的にNG。音を出さない時も空振りを行い、右腕は常に上下振り続けることがテンポ・キープの第一歩です。

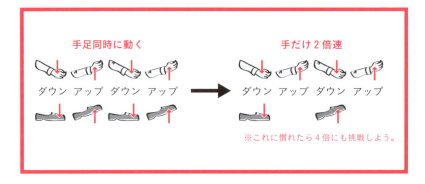

テンポ・キープのコツ

　P.011に書いたことを詳しく説明します。ギター・プレイを4拍子で考えます。4拍子で(表拍)ダウン・ピッキングを4回するということは、その合間(裏拍)ごとに「アップで空振り」していることになり、合計8回のタイミングがあるということです(下図)。

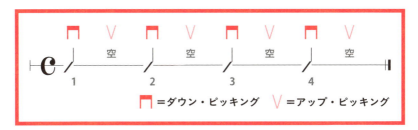

　次に、上図のすべてをダウン・ピッキングにすると、合間ごとに8回「アップで空振り」が入り、合計16回のタイミングとなります(下図)。

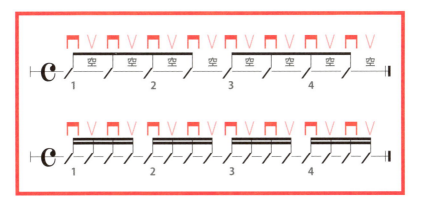

　すなわち「**8拍子フレーズを弾くには、16拍子を感じていく**」ということです。その曲の拍子数の2倍で拍子を捉えることがテンポ・キープのコツです。

リズムの練習方法

　ドラマーのプレイは、ドラムが叩けない人から見ると、両手両足をバラバラに動かしているように見えますが、実際には「両手両足すべてが、同じリズムに体ごと乗っていて、叩く or 叩かないの組み合わせ」でリズムをとっています。一定テンポの細かいタイミングごとに「右足と左手が同時」だとか「右手だけが打っている」などを行っているのです。

　ドラムを叩く真似を両手（で膝を叩く）と足踏みでやってみること、これはギターを学ぶ人がわりとできないことなのですが、ドラマーならやれて当たり前です。**ギタリストはドラマーよりリズム感が悪くて良いわけがない**ですね。プロ・ギタリストも、ギター講師も、簡単な8ビートのドラムくらいは叩けるものです。皆さんも簡単なリズム・パターンが叩けるように練習してみましょう。

　ドラム・セットがなくてもできる練習方法です。それが下図。メトロノームなど一定のリズムの中で、両手、右足を動かします。最初はゆっくりで構いません。間違いのないようにこなしていき、徐々にテンポ・アップしていきましょう。

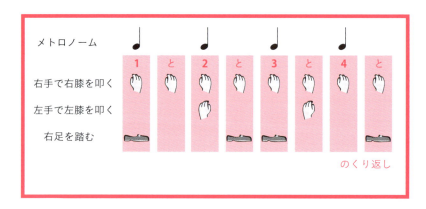

リズムの重要性

「この音はダウン・ピッキングで弾くべきなのか？ あるいはアップなのか？」を迷ったことはありませんか？ その明確な答えは P.058〜P.059 にあり、ピッキングの順番は本来その曲のリズムによって決定します。もちろん、それをあえて用いないアプローチもありますが、それは順当にダウン＆アップで弾くことができるようになってから挑戦した方が良いと思います。

リード・ギターやアドリブで、リズムから外れて弾いても、自覚できていない人がたまにいますが、それは（リズムをわかっている）お客さんにはバレています。その原因は「足踏みしていないこと」と「リズムを体でとらえていないこと」がほとんどです。せっかくカッコいいフレーズを生み出せても、リズムが悪ければそのフレーズは台なしです。逆にある程度単調なフレーズになっていても、リズムが保たれていれば自然とグルーヴが生まれ、そのフレーズはとても音楽的になるでしょう。

8分音符をプレイするには16分音符を感じていないといけません（P.059）。それは「右腕は16分音符で上下に振り続けながら、左手がどこかの弦を押さえる→音を出したい時だけピッキング（それ以外は空振り）する」と考えると、いずれ慣れていきます。

テンポに乗って音楽を奏でる以上、

リード・ギターもリズム・ギター

です。
リズムの重要性を意識して練習に励んでください。

ミュートのこと

　よく「ミュートは右手？　左手？」と質問されるのですが、答えは「両手と指の使える部分はすべてを使う」です。これを習慣づけるには「音を出して止めるのがミュートではなく、ミュートを止めて音を出す」と考えましょう。

　上下に振る右手の行為は「空振り」か「ピッキング」の、どちらかであり、ピッキング時に弦をミュートしていればブラッシングになり、ミュートを外せば音が出ます。「ミュート→ミュートを外してピッキング（音が出る）→元通りにミュートする」という感覚で、すべての弦は音を出す時以外できる限りミュートしておくことがプレイの基本です（下図）。

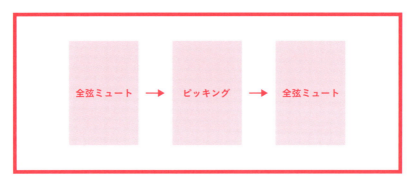

　ミュートはリズム以外にも不要な弦の共鳴などのノイズを回避するのにも役立ちますし、ミュートを意識することで自然に休符への感覚も養われます。

ブラッシングで
リズム・エクササイズ

　すべての弦を左手でミュートして、ブラッシングのみで譜例を弾いてください。このパターンでは、右手は基本的に16分音符で上下に腕を振り、必要な箇所でのみピッキングを行います。7小節目の休符にも注意しましょう。

　「これくらいは簡単」と思うかもしれませんが、多くの人は、このリズム変更をアドリブ時に生かすことに慣れておらず、同じリズムのままのフレーズを弾き続けてしまうのです。

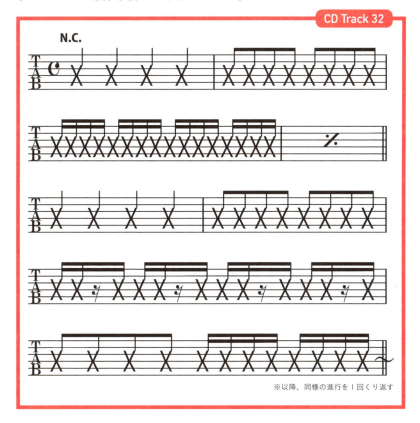

※以降、同様の進行を1回くり返す

●第4章　リズムに乗る秘訣！

カッティング

　これまで紹介してきたリズム・アプローチに特化した奏法の代表格が「カッティング」です。シンプルな音づかいでも非常に効果的なので、ぜひトライしてください。この譜例では、読みやすさを優先して小さな×印を表記していますが、下図左のように1本の弦だけをピッキングするのではなく、上下を含む3本ほど（アバウトでOK、6本ともでもOK）の弦をピッキングして行ってください（下図右）。8分音符の後はアップで空振りです。後半ではブラッシングのタイミングをズラすなどしてアドリブしてください。

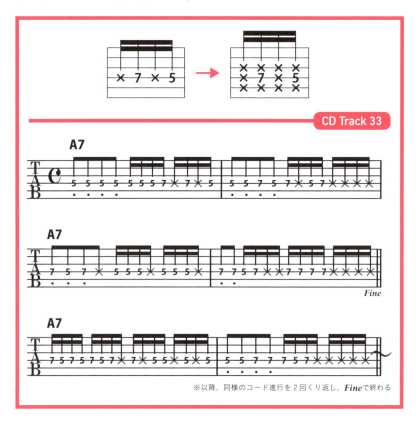

カッティングからアドリブ

　カッティングから徐々にフレーズによるアドリブへ移行する練習をしましょう。譜例は下図のポジションを中心に使ったカッティング。このようなリズム・プレイからリード・ギターに移行する練習をすると、1本の弦をピッキングする手法でもテンポ・キープできるようになっていき、裏拍で音を出す習慣も身につきます。ついでに、ここで3弦5フレットを6フレットにハンマリング・オンするプレイも習得しておきましょう。

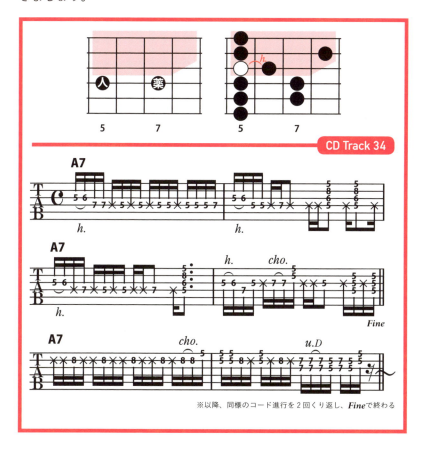

CD Track 34

※以降、同様のコード進行を2回くり返し、*Fine*で終わる

リズム・チェンジ

あるカッティングのリズムから、異なるリズムのカッティングに変化させることでアドリブを展開することもできます。言わばリズムの「崩し」アプローチです。下図のポジションを使って、さまざまなリズム・アプローチを試みてください。

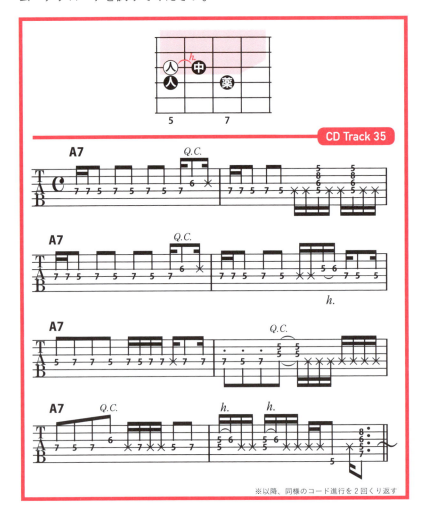

※以降、同様のコード進行を2回くり返す

コード・カッティング1

これまでは主に単音を使うカッティングを紹介してきましたが、ここでコード・ポジションを意識したカッティングにトライしてみましょう。12フレットを人差指でセーハする**A**と**A7**コード・フォームをベースとして（下図）、アドリブしてみてください。その際は単音だけでなく複数の弦を弾いてコード感を出すことも忘れずに。そして、5～6小節目のように3連符のブラッシングにもトライしてみてください。

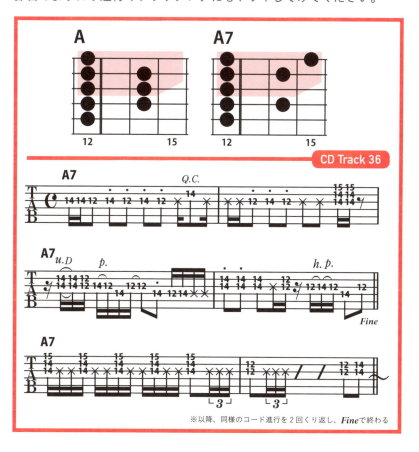

※以降、同様のコード進行を2回くり返し、Fineで終わる

●第4章 リズムに乗る秘訣！

コード・カッティング2

よりコード感の強いカッティングに挑戦してみましょう。今度は12フレット・ポジションの **E** と **E7** コード・フォームをベースとして（下図）、カッティングを行います。このアプローチを応用すれば、バッキングから即座にカッティングでのアドリブといったことも可能になります。余裕のある人はぜひハンマリングも交えてください。

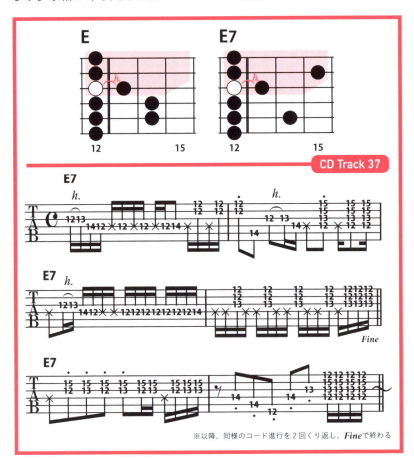

裏から弾きはじめる

　ここまでは表拍から弾き始める譜例中心でしたが、裏拍から弾き始めることを手癖にしておいたほうが、リズムに変化が生まれて印象的なプレイになるでしょう。本章では右手は常に上下させることを前提としているので、この場合、裏拍はアップ・ピッキングで弾きます。慣れない人には難しいかもしれませんが、裏拍を捉える良い練習にもなるのでぜひ挑戦してください。なお、裏拍から音を出す際に、手前の表拍でブラッシングする癖をつけておいたほうがテンポ・キープに繋がります。

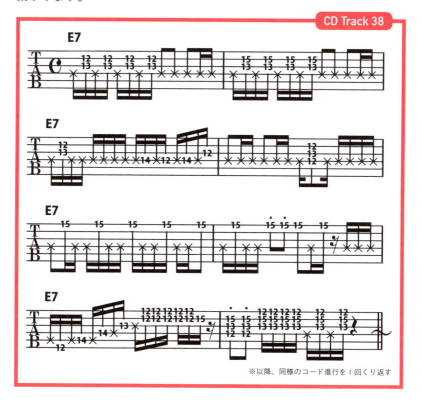

※以降、同様のコード進行を1回くり返す

●第4章　リズムに乗る秘訣！

Chapter:4 ここまでのまとめ

　音楽で最重要なのはリズムです。リード・ギターもリズム・ギターです。そして、プレイは「右腕は振り続けて空振りするかピッキングする」「左手はミュートしているか弦を押さえる」で行うと、リズム感が備わっていきます（下図）。

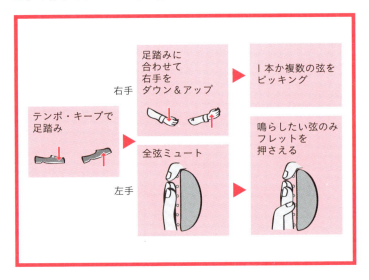

　これに合わせて、第3章までのような音程の選択を巧みに行っていくことが、アドリブの基本であり、すべてのギター・プレイの基本でもあります。

　この章での狙いは、リズムに乗ることに加えて、「コードを意識しながらアドリブする」感覚を知ってもらうことです。すべてのフレーズはコードに関連してきます。筆者が譜例で弾いているアドリブも、結果的に、なんとなくコード・ポジションに近い音を選んでいます。

また、この章では初めて「セブンス」コードを使いました。5フレットをバレーする**A7**だと、4弦5フレット＆2弦8フレットがセブンス音です（下図左）。これまでに使ってきたBOXポジションに含まれている音ですね（下図右）。

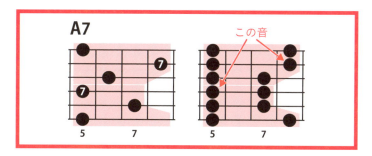

上記の**A7**フォームを7フレット高音側に上げると、12フレットをバレーする**E7**になり、その場合4弦12フレット＆2弦15フレットがセブンス音です。この**E7**を、さらに5弦7フレットをルート音とするフォームで考えると、3弦7フレット＆1弦10フレットが同音（下図左）で、やはり、これまでに使ってきたBOXポジションに含まれています（下図右）。

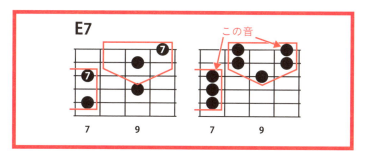

Column

絶対音感はいらない

　僕は、生まれ持った音楽の才能など持っていません。ギターを弾いて30年以上の月日が経っていますが、「耳コピ」したり、教本を読んだり、誰かのプレイを見て学んだりで上達してきました。その中、ある日、気がつきました。コピーしていない曲でも、譜面がなくても、脳にあるフレーズは弾けるようになっていたのです。正直、自分にこんな能力が身につくとは思っていませんでした。そういうことは「産まれながらに才能を持っている人」あるいは「子供の頃からピアノを習っていて絶対音感がある人」だけができることだと思っていました。が、ふと気がつくと、自分も勘を頼りに楽勝になっていたのです。この喜びを読者の皆さんにも味わってほしいというのが、僕が教則本を書くモチベーションです。

　世には「絶対音感」などという言葉があるので、多くの人が誤解をしています。「絶対音感」はいりません。「相対音感」が必要なのです。「相対音感」は、生まれ持った才能がなくても、ピアノを習ってなくても身につきます。そして、「リズム感」も同様です。生まれ持った才能がなくても、伸ばそうと思う人は伸びるのです。これは世間に大きく言っていくべきことだと思います。

相対音感もリズム感も身につけることは可能

第 5 章

Chapter:5

ブルース進行で アドリブろう！

第3章まではいろいろなコードで、コード名をそれほど気にせずに弾いてもらい、第4章で**A7**と**E7**コードを使いました。使ってきたフレット・ポジションはほぼ同じです。第5章では、ブルース進行でも似たフレット・ポジションを使うことを体感してください。

シャッフルを知る

　これまでのプレイは「イーブン」と呼ばれる跳ねていないリズムで練習してきましたが、ブルースでは「シャッフル」と呼ばれるリズムを使います。まずはシャッフル・リズムを理解していきましょう。

　4拍子で考えます。1小節に4回ある1拍ごとを3分割すると「**タタタ、タタタ、タタタ、タタタ**」となります。これの真ん中で音を消して「**タッタ、タッタ、タッタ、タッタ**」と弾くと「シャッフル・リズム」になります。この**真ん中タイミングを「入れたり、入れなかったり」する**のがミソです。つまり「タッタ」で乗りながら、「タタタ」も取り入れるといろいろなフレーズが作れます。

　もちろん、ロング・トーンを出したり、休符にしたりで「ターー」「ター」「ッタタ」「ッタ」や、拍を越えて音を伸ばす場合もアリです。いずれにしても身体でリズムに乗ることを怠らず、右手を空ピッキングさせるようにしてください。

　なお、足踏みする場合は1個目の「タ」のみで踏めばOKです。「ッタ」も踏むと、疲れてリズムを崩しがちになるからです。

ブルース・アドリブは
1ポジションでOK！

　まず、ブルースでアドリブを弾く際に、ずっと**1ヵ所のポジションのままプレイして構いません**。これを「変えないといけない」と思い込んでしまうとアドリブはスタートできません。まずは、1つのポジションで何回も弾きましょう。例えば、Aキーの場合、コードが変わっても下図のポジションだけで弾いていってOKです。

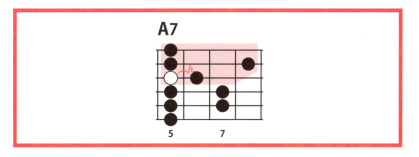

　その後、「もっと音を変えたい」という欲求が出てきたなら、コードごとにポジションを変える方法をマスターしていきます（P.080を参照）。下図のポジションが、Aキーのブルースで出てくる他のコードです。ポジションの「形」自体は変わらず、フレットを移動させるだけで対応できます。

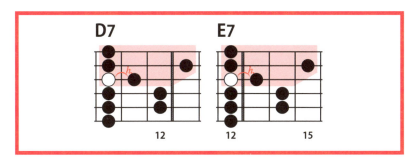

まずはコード進行を確認

どの曲にも言えますが、アドリブでリードを弾く前には、その曲のコード進行を何度も弾いて把握しておくのが得策です。下記譜例は、P.075 に掲載したコード・ポジションに、少し他のコード音を加えたバッキング・パターンです。**A7** には **D7**、**D7** には **G7**、**E7** には **A7** のコード・ポジション、つまり、6弦ルートのコードのポジションに（同じフレットで人差指バレーする）5弦ルートのポジションを加えて弾いても似合ってしまう。これが、ブルースを弾くヒントになります（P.077 に繋がる）。

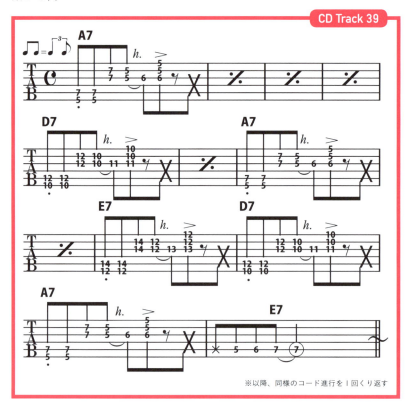

※以降、同様のコード進行を1回くり返す

ブルース・アドリブに挑戦

下図は人差指でバレーする5フレットと**A7**と**D7**のポジションを足したものです。譜例は、P.076の進行でいう12小節中の8小節分までで、そのあと「**E7**-**D7**-**A7**-**E7**」に進みます。

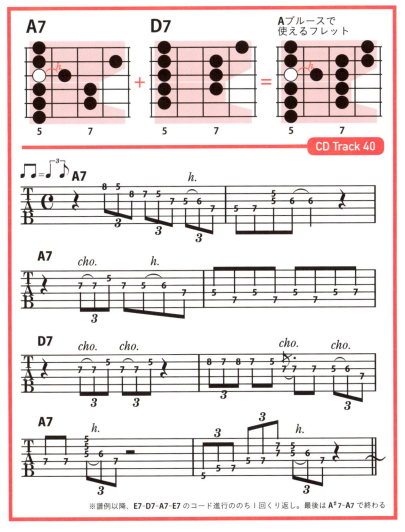

※譜例以降、E7-D7-A7-E7のコード進行ののち1回くり返し。最後はA♯7-A7で終わる

●第5章 ブルース進行でアドリブろう！

E7ポジションを交える

次は **E7** のポジションも使ってみましょう。**E7** が鳴っている時だけ下図ポジションを使って弾いてみてください。

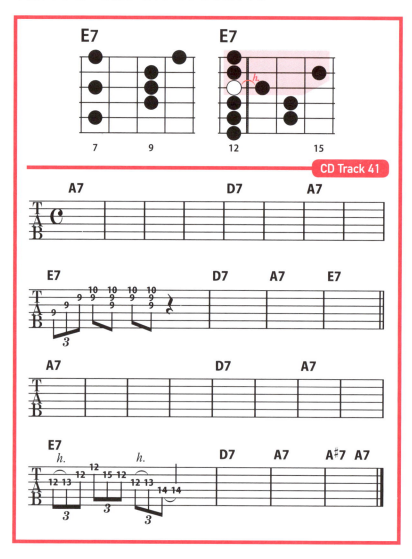

繋ぎとエンディング

　基本的なブルースは12小節なので、その12小節目で、他の人にアドリブ・ソロをまわすか、エンディングにするかの2種類となります。その時に「**まだ終わらない**」あるいは「**終わるよー**」ということをフレーズで**メンバーに伝える**必要があります。終わらない場合は繋ぎとしてAブルースの場合は**E7**のコード・フォームのうち、どこかのフレットで音を終わらせます。終わる場合は終わる雰囲気（テンポを極端に遅めたり、手を挙げたり）を出して**A7**で終わります。わかりやすいエンディングは「**A♯7 → A7**」と半音上のコードを弾いてやれば、他のメンバーが気づきます。

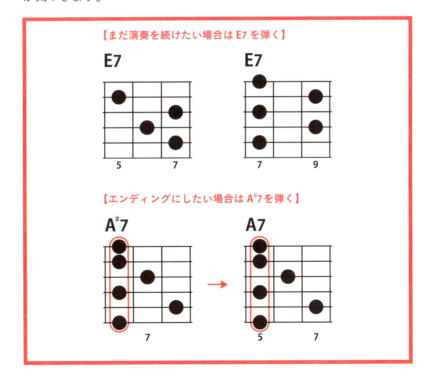

●第5章　ブルース進行でアドリブろう！

バッキングの重要性

　アドリブをはじめたばかりのギタリストは、よくブルースの小節数（特に最初の4小節）を間違えます。それは、コードをコードでしか捉えていないからです。それに対して、ベーシストはP.046〜P.047のようにフレーズで小節を捉えて、「このフレーズが4回」という風に覚えるので、小節数も拍も間違えないものです。ブルースのアドリブでは、コード進行を覚えておくことが必須ですので、ベース・フレーズを何度も弾いて、小節回数を身体に染み込ませましょう。このベース・フレーズはアドリブに展開することもできます。

　「ブルース・セッション」は、リード・ギターをアドリブしているだけでは成立しません。他にギタリストがいたり、ベーシストやドラマーのための時間も作るのがセッションです。そうなるとギタリストはバッキングを弾くのですが、その時に、同じコード・プレイのくり返しではイマイチです。ですので、「バッキングのアドリブも行える」ギタリストを目指したいです。これはリード・ギターを弾く上でも重要です。なぜなら、

コード・フォームを多く知っているとアドリブ・ポジションが増える

からです。

　P.081は、P.047のベース・フレーズをシャッフルで弾き、そこからP.048〜P.051のようなオクターブorポジション違いで崩していくフレーズ例です。**CD Track 42**ではこの譜例の続きからアドリブにチャレンジしてください。もちろん、コードっぽく弾いたり、カッティングを混ぜたりしてもOKです。

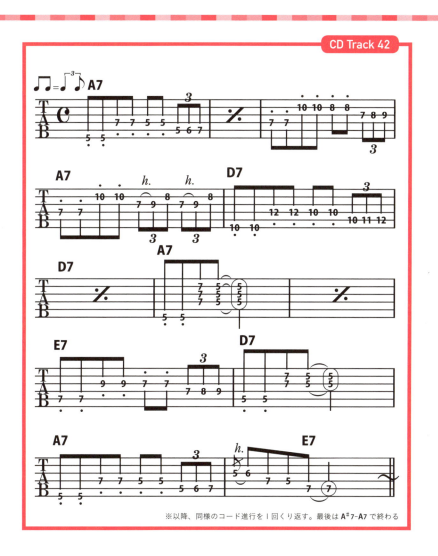

※以降、同様のコード進行を１回くり返す。最後は **A♯7-A7** で終わる

●第5章 ブルース進行でアドリブろう！

Eブルースを弾こう1

　これまではAをキーとしたAブルースを見てきましたが、ここでキーを変えてE（E7）ブルースにも挑戦します。Eブルースで使うコードはE7、A7、B7の3つ。E7とA7ではこれまでのポジションがそのまま使え（譜例では6弦ルートのポジションのE7を使っています）、B7のポジションはA7を2フレット右にズラすだけです（下図右）。

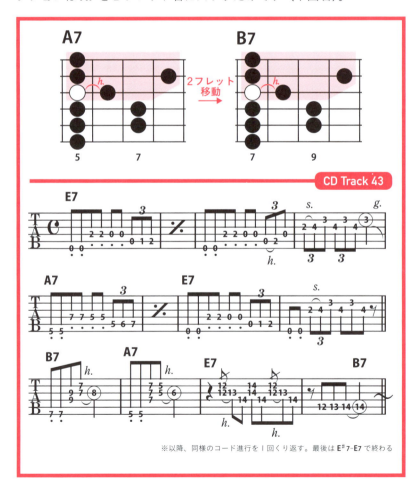

Eブルースを弾こう2

前ページで使用した **E7** の開放弦ポジションを12フレットで（1オクターブ高く）使い、コード進行を気にせず弾いてみましょう。ここでの経過音○は3弦15フレットと5弦13フレットとなります。

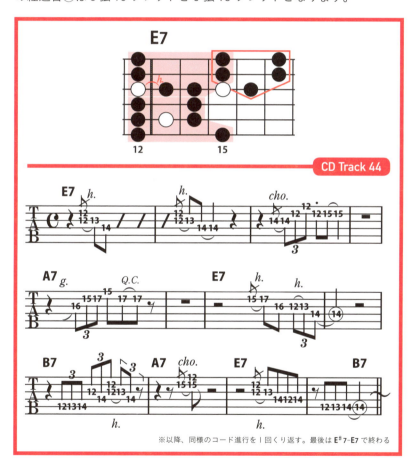

Chapter:5 ここまでのまとめ

　ギターが中心となるブルース・セッションは、A7かE7で行われることが多いです（管楽器が中心となると他のキーになる場合がある）。そして「**AブルースにはE7が含まれている**」「**EブルースにはA7が含まれている**」ので使えるポジションは似てきますね。それと、ブルース進行において「経過音は9～10小節のコードのルート音の中間音」です。例えば、Aブルースの経過音は（E7→D7）の中間のE♭音です。Eブルースの経過音は（B7→A7）の中間のB♭音です。経過音はそこでは止めない方が良いので、コードごとにルート音から「1本上側の3フレット」を続けて（上昇でも下降でもOK）弾くと覚えておくと、とっさの場面でも対応できるでしょう（下図）。

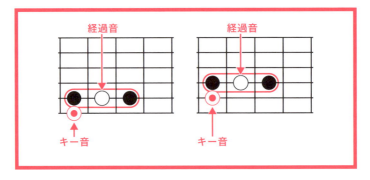

　上記の経過音のポジションに慣れてきたら、今度はそのオクターブ違いのポジションを見つければ、どんどん、使えるフレットが左右に広がっていきます。ただし、まずは上記のポジションに「徹底的に慣れてから」です。中途半端なまま広げていくとかえって混乱します。

ブルースの中で、1つのコードで弾いて良い音は、キー音を6弦のルート音として（**A**なら5フレット、**E**なら開放と12フレット）、P.077のポジションを展開して弾けばOK（下図左）。それを1曲でずっと使っていても良いですし、コードごとにポジションを変えても構いません。

　また、これを5弦をルート音とするフォームで覚えていくとさらに幅が広がります。**A7**コードなら6弦5フレットを5弦開放にして、他の音も全部置き換えてみると……、P.077の図での**D7**（を5フレット下げた）と同じ配置のポジションになります（下図右）。そこに経過音も加えます（P.084）。また、この2つのポジションを合体させて使い続けても問題ありません（Aブルースの場合、**A7**と**D7**のコード・ポジションを合体させて、曲中ずっと弾いててもOKで、**E7**の時にここを弾いていてもOKです）。

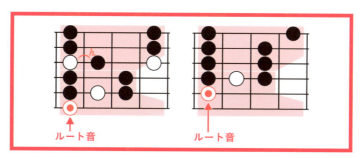

第5章　ブルース進行でアドリブろう！

Column

口で言えば上達する

　楽器の上達に一番有効なのは、口でフレーズを歌うことです。口よりも手のほうが早く動きますし、人間の出せる音域を超える楽器では、歌えるフレーズは必ず弾けます。しかし、カラオケ屋さんで歌を歌うのは大好きな人でも、口でギター・フレーズを歌うことを恥ずかしがる傾向にあります。「弾けないフレーズ」も、**何度も口に出して発声してみれば、短時間で弾けるようになります**。そもそも、昔のブルースマンは理論を知らないまま、口とギターで歌っていたのです。

　ミュージシャンがやれないことは自分も出来ないかもしれませんが、人が出来ることは、ある程度できます。まぁ、スポーツで世界記録を出すようなレベルの超絶テクニックや速弾きを除けばですし、志向として「やれなくてもよいプレイ」はありますが、それは口では歌えないレベルに近い話ですから。普通に口で言えることは弾けます。こうしたことは「信じたほうが得」です。「(A) 頭が理解すれば弾ける」よりも「(B) 口ずさめるなら弾ける」と考えてみてはいかがでしょう。

人間の限界は皆ほどほどに近い

特別ページ
Special Edition

種明かし

　ここまでは「どうして、そのフレットを使って良いのか」は説明していませんでした。もちろん、それは理論を深く学べば紐解けることではありますが、それよりも大事なことは頭で考えるよりも、とっさにそのポジションを選ぶ左手を作ることです。この特別ページでは、理論ではなく「チョイスの方法」だけ説明します。

Special Edition

そのコードで使える音はほぼ決まっている

　第1章から5章までで見てきたBOXポジションをまとめると下図のようになります。これは、アバウトではありますが3〜1弦において**C**、**A7**、**Am**、**D**、**D7**、**Dm**、**E7**、**Em**、**F**、**G**コードで使える音を囲ったBOXです。筆者は下記のように名付けています。

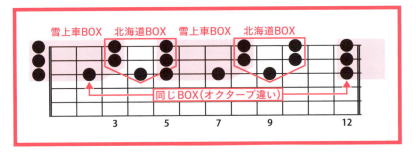

　端の音を重複させて、「雪上車BOX」「北海道BOX」「雪上車BOX」「北海道BOX」と並んでいます。これを「アドリブで使うポジション」と考えてください。また、上記のBOXに6〜4弦のBOXを加えると下図になり、この6〜4弦のBOXを筆者は「本州BOX」と呼んでいます。「雪上車BOX」の低音弦側と、「本州BOX」の高音側の3弦が2音分、重複していることを認識しておいてください。

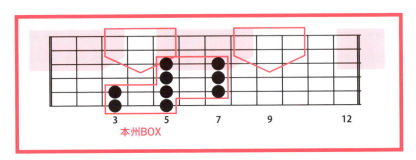

このBOXを全体的にズラせばどのコードでも使えるようになります。例えば、前ページのBOXを1フレット上げれば**C♯**、**C♯7**、**A♯7**、**A♯m**、**D♯**、**D♯7**、**D♯m**、**F7**、**Fm**、**F♯**、**G♯**で使えます。理論で考えると混乱しますが、ポジションをズラすだけであれば簡単でしょう。

　また、例えばキーがわからない曲でも、その曲に合うBOXを1つ見つければアドリブができるようになるでしょう。音を聴きながらギターを適当に弾き、「雪上車BOX」を1個見つけたら、その左右横には「北海道BOX」があり、その隣に再度「雪上車BOX」、「雪上車BOX」の低音弦側には「北海道BOX」から繋がった「本州BOX」が見つかるということです。1ヵ所だけBOXに含まれないポジション（P.088の図では11フレット）も、フレーズを弾いているうちにわかるものです。

　そして、これらの図は音楽の基本を表しています。「雪上車BOX」と「北海道BOX」が2回並んでいるということは、ドレミファソラシドが「2分割」できることと同じ意味合いなのです（下図）。

　「ドレミファ」と「ソラシド」は、「全音」「全音」「半音」とそれぞれ同じ「音程差」で構成されています。これを知っているのと、知らないのでは、この先の音楽人生が大きく違います。この活用方法は第6章から説明します。

Special Edition

　人差指でバレーするフレットを基本として、下図ポジションのイメージを持てば、（キーごとでもコードごとでも）アドリブの入り口になります。ペンタトニック・スケールという言葉を知っている人は、このようなイメージをすでに持っているかもしれません。しかし、これを理論的に考えると「CコードでCペンタトニックを使う？」「CコードでAmペンタトニックを使える？」などの知識が必要なので、かえって知識に縛られてしまう可能性もあります。

　ここまでに体感したことはペンタトニックを中心に弾くことに近いですが、徐々にそれ以外の音も使っていくには、BOXの「●を頻繁に、○は適度に使って良し」という風に慣れていくのが良いでしょう。

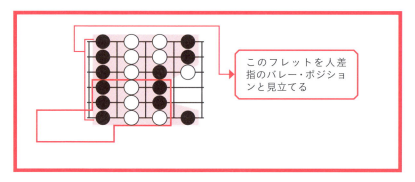

このフレットを人差指のバレー・ポジションと見立てる

　実際には、○を使って良いシーンは、その音が「コード・トーンである」か「経過音として使う」の2パターンです。例としてP.091の上図を参照してください。FやDmコードの時には2弦6フレット音はF音なので、ロング・トーンでも音の区切れ目でも使ってOKとなり、2弦7フレット音は経過音としてなら使ってOKとなります。Dコードの時は、6フレットではなく7フレットを使います（ただし理論ではなく、あくまでも音感で選べるようになりましょう）。

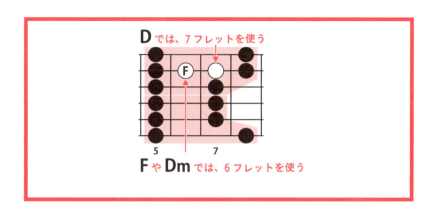

　このあたりのことを整理すると、最終的には「雪上車BOX」の中で使える音の配列は、以下の3通りだけです（下図）。使い分けの手法はいろいろありますが、頭で考えるとややこしくなってしまいますので、最初はいろいろなシーンでこの3ポジションを使ってみて、どういった場合にどれが合うかを耳で感じながら慣れていくことをオススメします。

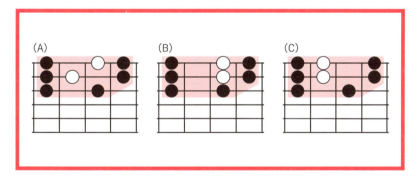

Column

理解よりもトライを先に

　本書では「何故この音を使って良いのか？」の説明はしていません。それを知りたければ理論を勉強すれば良いのですが、多くの人は「理論は難しいから」学ぶのを面倒がっているわけですよね。だったら「何故？」を知ろうとすることは小さく矛盾しています。「弾けるようになること優先」が本書の狙いです。そして、弾けるようになった後からなら理論もわかりやすくなるのです。この順序を逆に捉えて「理論で納得してから弾けるようになる」と考えながらも、理論を学ばないのなら弾けるようにはならないです。

　「音感」は「音勘」に近いです。誰かが何かのコードを鳴らしてくれている音に似合う音でアドリブする、その時に（A）コード名がわからなくても弾けるのが「音感/音勘」です。（B）コード名を知ってから弾くのが理論っぽいアドリブです。大雑把にいうと（A）はポップス or ロックっぽいアプローチで、(B) はジャズ or フュージョンに適しています（厳密には混在しますし、一方が悪いわけではありません）。どちらかが苦手なら、もう片方を突き進めば良いです。どちらにもトライしないのなら上達はしません。

コードがわからなくても
弾ける人になりたくないですか？

第 6 章

Chapter:6

ギター指板の秘密

この章では、音の配列で「決定していること」を紹介します。これは、中級者さんでも気がついていない場合があります。ぜひ、理解しちゃってください（なお、この章の CD Track にはカラオケ部がありません）。

ドレミファソラシドの秘密

まず下記3ヵ所の「ドレミファ／ソラシド」を弾いてみてください。

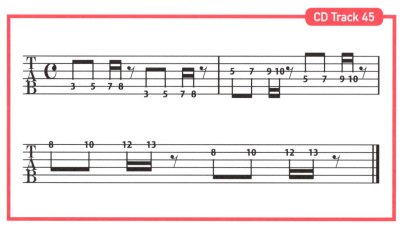

これを図にすると下図になります。「ドレミファ」と「ソラシド」が常に2本ずつの弦で並んでいます。そして「ドレミファ」も「ソラシド」も、フレットの差は「飛ぶ－飛ぶ－飛ばない」の順になっています。

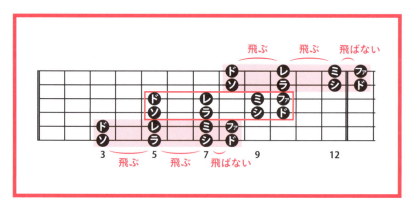

音名ではなく、この並びで音階を覚えれば、Cキー以外のキーの音階も弾けるようになります。

チューニングの秘密

　チューナーを使わず、押弦と開放弦での実音でチューニングする時に、下図のような2つの同じ音程でチューニングしますね。

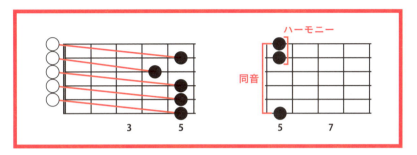

　この時、他は5フレットを使用するのに、3弦と2弦を合わせる時だけ3弦が4フレットです。ここだけズレるのは、これによって、6弦と1弦の音が同じになり、2弦音が1弦とハーモニーになり、バレー・コードを作りやすくなるからです。この「**3弦と2弦に段差がある**」ことに、ハーモニーのポジションを探すヒントがあります。

　ちなみに、チューニングの話ではないですが、上図右の「2弦5フレット音は5弦7フレット」および「6＆1弦5フレット音と4弦7フレット」は、オクターブ違いの同音です。つまり、その曲のキーのコードのルート音が1音見つかれば、5本弦で「使って良い音」が決定します。3弦だけが決定しないのですが、そこはメジャー/マイナーで判断できます（P.118参照）。

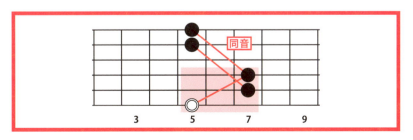

● 第6章　ギター指板の秘密

コードの秘密

　下記譜例は「ドレミファソラシド」の音階にコードをつけたものです。これを「**メジャー、マイナー、マイナー、メジャー**」の順番が2回あり、「メジャーとマイナーは**3回は続かない**」と考えながら弾いてみてください。また、各コードのルート音の動きにも着目してください。P.094で紹介した「飛ぶ‐飛ぶ‐飛ばない」の並びになっていますね。

　なお、**Bm**(♭5)は親指で6弦を押さえるフォームで弾きますが、すぐに弾けなくてもOKです。これはハーモニーを確認するためのもので、このコード自体はそう頻繁に使うわけでもないからです。

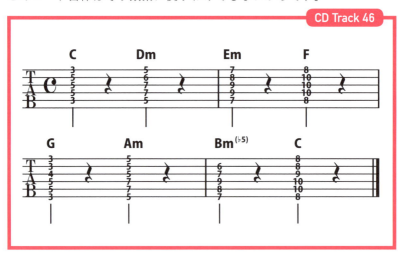

ハーモニーの秘密 I

P.096のコード構成音を使って、譜例「かえるのうた」を弾きましょう。**後半は輪唱になるように弾いてください。**なお、CD Track 47〜50は16分のシャッフルで跳ねています。

3〜4小節目と7〜8小節目は、本来は2弦でメロディを弾きますが、輪唱する場合はそれぞれ1〜2小節、5〜6小節のもとのメロディも弾いてください。そして、この2つを複音で弾くだけでハーモニーは完成します。そのポジションを整理したものが下図。「**縦、斜め、斜め、縦**」のパターンが並びます。コードの時と同様、同じフォームが「**3回は続かない**」ことに注目です。斜めが2回続いたら次は縦です。

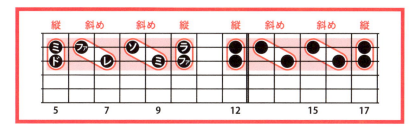

12フレットを開放弦からスタートして弾き慣れておくのもアリです。

ハーモニーの秘密2

　前ページのハーモニーを低音に置き換えて弾いてみましょう。1フレット離れる場合を「離れ」と呼ぶことにすると、今度は「斜め、離れ、離れ、斜め」の並びになります。なぜ「離れ」が出てくるかと言うと、それはP.095の「チューニングのズレ」によるものです。前ページと角度こそズレるのですが、これも同じフォームは「3回は続かない」です。まずはこの順番に慣れましょう。

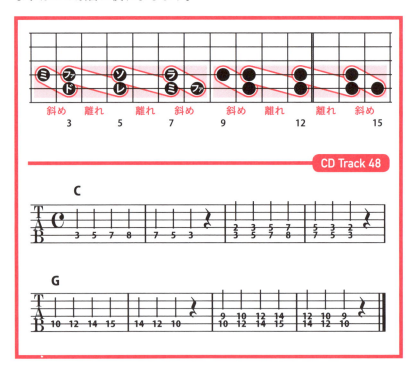

　この角度は、2弦1フレットからスタートさせても（オクターブ違いで）同様のプレイができます。

ハーモニーの秘密3

　下記のように弦をまたいで複音を生み出す場合は、「斜め、縦、縦、斜め」の並びが適用されます。こうした順番は言葉で暗記するのではなく、「3回は続かない」という左手の動きを身体に馴染ませましょう。なお、ピッキングは3弦をピック、1弦を中指でピッキングすると良いです。

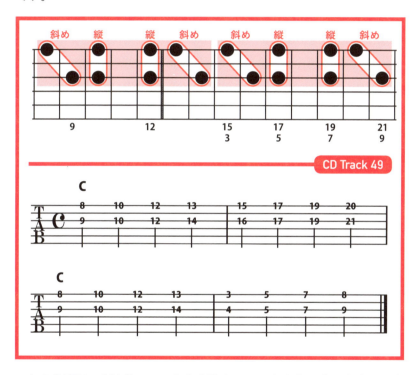

　この角度は、4弦2フレットと2弦1フレットからスタートさせても（オクターブ違いで）同様のプレイができます。

経過音で繋ぐ

　P.097～099までの「角度」が少しズレているのは、P.095の「3弦と2弦に段差がある」からですね。そして、この「角度」の中で、同じ角度が2度続く場合は、「間を経過音として埋めて良い」と考えましょう。例えば、下図ポジションでは3弦7フレット＆2弦6フレットの複音から3弦9フレット＆2弦8フレットの複音へ移動する時、3弦8フレット＆2弦7フレットの複音を経過音として使用できます（経過音は○で表記しています）。そして、この経過音をうまく使えば、例えば「Cコードから Cコードへ」あるいは「北海道と雪上車BOX」を繋げることができます。

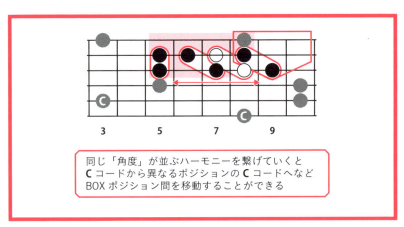

同じ「角度」が並ぶハーモニーを繋げていくと
Cコードから異なるポジションのCコードへなど
BOXポジション間を移動することができる

　ここで複音となった「経過音」を見てください。片方は、P.030でも出てきた3弦8フレット音です。もう1箇所の2弦7フレット音は、北海道BOX内の（●に挟まれた）○音となっています。

　経過音はデタラメに使うと、何のフレーズを弾いているのかわからない感じになるので、ロング・トーン or 最後の音にはしないように「通り過ぎる」感じを忘れないでください。

コード・フォームから経過音を導く

　P.100の指移動は、P.096のコードのうち同じ種類（メジャーかマイナー）が並んでいる2つのコードを繋ぐイメージで導き出すことができます。その一例が下図です。

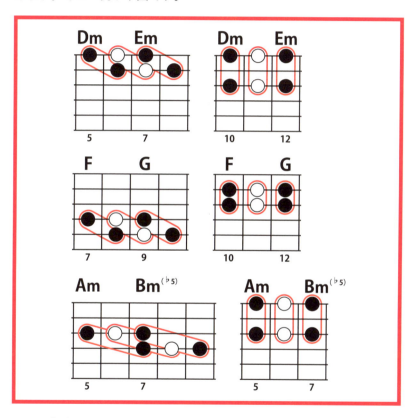

　この複音は同時にピッキングすることからはじめ、だんだん時間差でピッキングしていくことにもトライしていくと良いです。これらはキーごとにポジションをズラせば、他のキーでもプレイできるようになりますが、まずはCキーで自由自在に使えるようになってください。

Cキーで慣れること

　本章ではCのキーを題材に、指板にあるさまざまな音配置のパターンを取り上げてきましたが、これをすぐに他キーで試すのでなく、まずはCキーで徹底的に慣れてください。ここまで紹介したことを何も見ずに弾けるようになってからでないと、他キーに応用する時に混乱する可能性があるからです。Cキーで慣れてしまえばあとはそのポジションを左右にズラすだけで応用できます。下記譜例と **CD Track 50** はCキーでの練習を目的としたもの。焦らず、じっくりと取り組んでください。

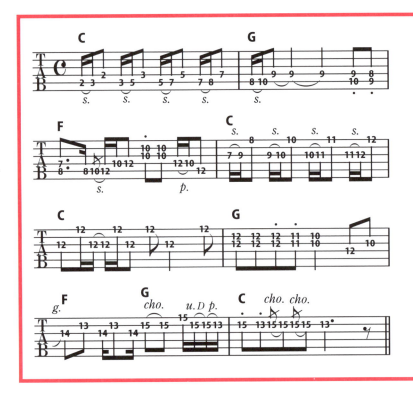

譜例ではところどころ、2音を同時にピッキングするのではなく、タイミングをズラしてプレイするフレーズも含まれています。これは「ダブル・ストップ」などと呼ばれ、カントリー・ギター奏法の特徴でもあります。また、複音を弾く際はピックを持ったまま、中指や薬指で弾く技にも挑戦してみてください。ピック弾きと指弾きを自由にこなせるようになるだけでプレイの幅はグッと広がります。もちろん、これまで紹介してきたさまざまなテクニックも積極的に使ってください。その蓄積がアドリブ力を高めることになります。

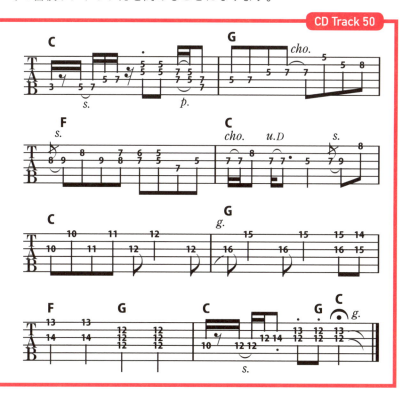

Chapter:6 ここまでのまとめ

　この章でお伝えしたことは、「かえるのうた」の輪唱からハーモニーが見つかることと、その並びの中で同じ角度が続く箇所は「経過音」で繋いで良く、それは BOX 間の繋ぎにも応用できるということです。本章 P.096 で紹介した「ドレミファソラシド」のコードはあくまでも C キーでのものですが、ここからそれぞれのコードのルート音を数字に置き換えると下図になります。**1** にキーとなるコードを当てはめることで（G キーなら **G**）、本章の知識を他のキーでも応用できるようになるでしょう。

　ルート音の「飛ぶ - 飛ぶ - 飛ばない」という並びに、「メジャー / マイナー / マイナー / メジャー」の並びが対応しており、メジャーかマイナーが 2 つ並んだ間に「**経過音**」があるので「**通り過ぎる**」感じで使えます。

　コードの順番と音の配列には（覚えやすい）規則性があると認識し、弦を 2 本ずつチョイスしたハーモニーを弾き慣れておくと、指板の低音側から高音側までを余すことなく使用してフレーズが作れます。

くり返しになりますが、本章のことを習得するにはまずCキーに徹底的に慣れることが重要です。Cキーに慣れたら、P.104の図の「**1**」を**C**以外の音にして紙に書いてしまえば、その音階に乗るコード7個が見つかります。例えば、Dキーだと下記になります。こうして導き出される7つのコードを音楽理論では「ダイアトニック・コード」と呼びます。理論から考えると理解が難しいダイアトニック・コードですが、「飛ぶ－飛ぶ－飛ばない」「メジャー/マイナー/マイナー/メジャー」で見ると簡単です。

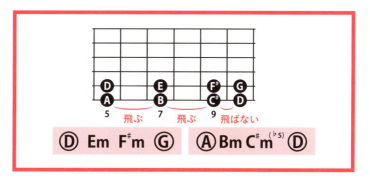

　本書でオススメしたいのは、こうした理論的な基礎知識を頭で理解する前に、より実践的な方法で身体に馴染ませてどんどん活用していこうということです。実はプロ・ギタリストにもこういう人は多く、例えば「E♭キーのダイアトニック・コードを口頭で言ってください」と質問をしたら少し時間がかかりますが、「弾いてください」と言えば瞬時に弾いてくれるでしょう（そんな失礼な質問はしちゃダメですよ）。

●第6章　ギター指板の秘密

Column

「かえるのうた」はハーモニーの基礎

　カラオケで歌う時に、わざわざ「このメロディはドソミラーシレファソー」などと音名に置き換えて考えません。すでに知っているメロディに歌詞を乗せて口から発声して歌います。音名は必要ないはずです。(音痴さんじゃない限り)脳に浮かんでいる音は歌えます。また、カラオケで誰かが歌うと、ハーモニーをつけられる人がいますよね。あれは「ドレミファ」に「ミファソラ」を加えればハーモニーになるなどと、いちいち考えているわけではなく、「勘」でハモッていくのです。それが「相対音感」です。さらに誰でも、少し覚えきれていないメロディは、なんとなくカラオケ・サウンドに乗せて適当に歌っていきますよね？　それも、コードに適したメロディを乗せることができるという「相対音感」です。

　「かえるのうた」が歌える人は、ひとつのメロディにハーモニーをつけることが可能です。それを、認識していない、訓練していないだけです。そして、本書は「ハーモニーは順番が決まっているので、指板上の角度で知っちゃったほうが早い」と表明しています。

音勘と指をリンクさせれば鬼に金棒

第7章

Chapter:7

指の動きを
こう考えよう！

ここまでは「音をチョイスする」方法を中心にトライしてきました。この章では左手の「指の動き」に注目します。アドリブでなくてもプレイをたくさんしてきた人は、よりよい運指を選ぶことには慣れているものですが、改めて認識することでアドリブの可能性を広げてください。

指には役割分担がある

コードを押さえる場合を省いて、リード・ギターとしてアドリブを弾く際の、おもな指の考え方を、家族に見立てて説明します。

親指『父』

母よりも1フレット高いフレットの6弦側から家族を見守っています。家族がチョーキングできるのも、父がネックの上側で支えているからです。他の4人に音出しをまかせているのが基本で、4人が5〜1弦を鳴らしている間は、なるべく6弦をミュートしています。

人差指『母』

子供達が弦から離れてしまっても、開放弦の余計な音が鳴らないように5〜1弦に触れていることが多いです。時には弦から離れますが、すぐに戻ってこられるほどの距離で待機します。そのおかげで、子供が弦から離れるとプリングになります。

中指『姉(高校生)』

母のすぐ横にいることが多く、母と長男の間を取り持つ（経過音も好きな）立場です。母が手伝ってくれますので全音チョーキングもできます。また、長男が1フレット遠くに行った時には、さっきまで長男がいたフレットを押さえる役目にまわります。

薬指『長男（中学生）』

母の位置から、2 or 3フレット高音を中心に活発に遊びます。母が低音側フレットが押さえてくれているので、弦から離れてもプリングになり、戻ればハンマリングになります。長男がチョーキングしたい時には、母と姉が手伝ってくれます。2本の弦を同時にチョーキングする元気もあります。少し遠くのフレットには、次男を行かせることがあります。

小指『次男（小学生）』

長男が主導権を握っているので、それほど頻繁に遊ばないですが、長男の側を付いてまわり、高音の隣フレットを鳴らしたり、少し遠くのフレットを押さえに行かされます。まだ幼く、弦を長い間押さえている力はないので、チョーキングは苦手で、かろうじてハンマリングとプリングはできます。

　家族愛に満ち溢れ、子煩悩な両親ではあるので、姉か長男がスライドして他のポジションに行くと家族全員で移動し、誰かが弦を押さえて音を鳴らしている時は協力しあって他の弦をミュートします。

　また、遊び場を他の家族に譲ってあげる時（ベース・ソロやドラム・ソロ時などの音を出さない時）には、全員でノイズが出ないように6本の弦をミュートします。

4フレットの並び

第6章で紹介した経過音を1本の弦で見ると、4音が並ぶ箇所が生まれます。その音を第5章までに使ってきたBOXに加えてみましょう。この4音は「人差指、中指、薬指、小指」で押さえて手癖にします。

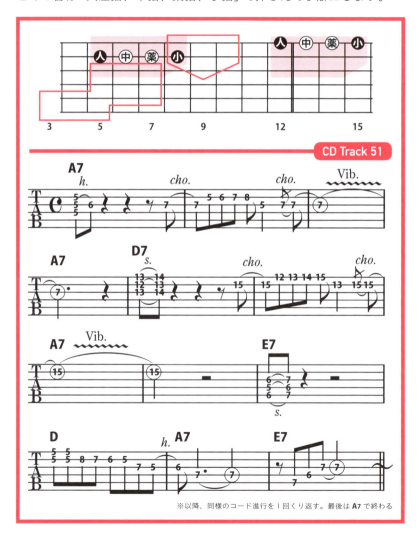

※以降、同様のコード進行を1回くり返す。最後はA7で終わる

組み合わせで手癖を増やそう

　左手がマンネリ化しないように、P.110の4音を使って、順列組み合わせフレーズを作ってください。「使ってはいけない音がある」と思い込むとフレーズはマンネリ化しがちです。「なんとなく合う」というフレーズを貯蓄していきましょう。

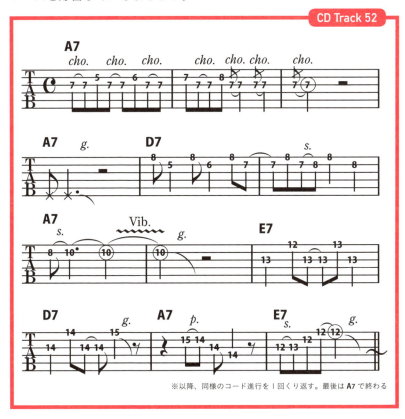

同フレットに移動する手癖を持とう！

ここでGキーに挑戦します。これまでに使ってきたフレットを、2フレット低く使用してください。何も考えていないと「人差指←→薬指」や「人差指←→中指」の動きばかりをしてしまうので、同じフレットで違う弦への指移動も取り入れましょう。

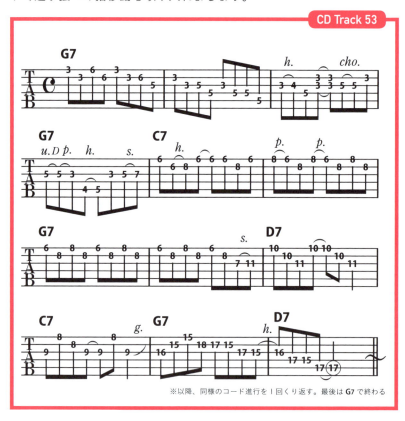

※以降、同様のコード進行を1回くり返す。最後は **G7** で終わる

同音を連続させる練習

　アドリブでは「いろんな音を出さないといけない」と思いがちです。しかし「何度同じ音を出しても良い」と考えることがマンネリ回避です。同じ音を続けたり、同じ音を別の弦で出すフレーズを練習をしてください。遠いフレットでの運指は主に「人差指と薬指」で慣れさせ、時には小指を使うのもアリです。

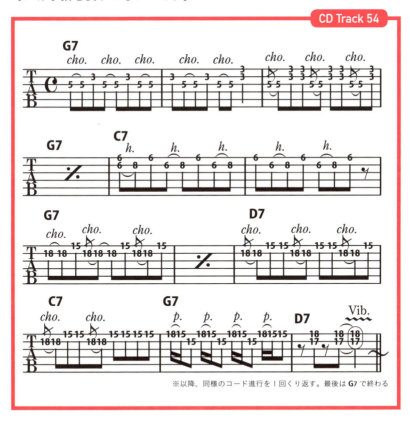

フレーズを作るとは？

本書も、そろそろ終わりです。最後に、フレーズを作る際の「マンネリ化を打破する」考え方を書いておきます。

1. スピードに頼らない

速弾き自体は悪いことではありません。ただし、速弾きだけに頼っているとフレーズはマンネリ化します。音を止めたり、伸ばしたりの中で、速弾きをたまに使うのが、カッコ良い表現になったりします。

2. フレーズはメロディである

「使える音」をただ鳴らすだけでは音楽ではありません。**ひとつのフレーズは、ひとつのメロディ**で、後で口ずさめるような音の組み合わせとタイミングであることが目標です。もちろんアドリブ中は惰性で音を出している時もあるのですが、メロディを瞬間的に作っていくことを目指しましょう。

3. 出さなきゃわからない

キーやコードがわからない曲でアドリブするにも、まずは1個の音を出してみないことには、それが合っているのか違っているのかわかりません。合ってない音は半音ズラせば合います。

4. ミス・トーンは3回鳴らせばOKになる

「ミス・トーン」という音楽用語が存在するので、多くの人は「鳴らしちゃいけない音がある」と気にしてしまいますが、どんな音も理論説明はできます。極論ですが、変な音を出したとしても、フレーズを3回くり返せば「わざと出している」ように聴こえます。それくらいの精神を持っていても良いのです。「あっ！」という顔をすると、それを見た人は「ミスしたんだな」と思います。まずは**「あっ！」という顔しない**ことが重要です。

5. どれだけ練習しても本番は60%

人前でアドリブする際には、練習時の60％ほどしか発揮できないものです。70％以上が出る時というのは、えてして「無意識でプレイしていた時」です。それを毎回、出せるわけでもないですし、演出するのは無粋です。練習時の60％を人前で出すので十分として、練習の量（時間とは限らない）を増やしていくしかないです。それは、理論勉強でも良いですし、音感を育てる方法でも良いですが、脳で考えたことが発揮できるというよりも、注入しておいた指の癖が勝手に動いてくれることが腕前だと思います。「脳より前にあるのが腕だから、腕前」です。

Column

耳コピをするほど手癖は増える

　(1) まず1音出してみる　(2) その音が似合ってなかったら半音ズラす　(3) 次の音は左手指に選ばせる、これを実行していくと、BOXを数秒で見つけられるようになり、キーやコードがわからないことが怖くなくなります。便利な指使いである運指は(3)を実行しやすくします。BOXが見つかったら、ハーモニーとなるポジションを使用すれば、フレーズが複音でも弾けるようになります。そのハーモニー感覚に慣れると「勘の働き」が鋭くなり、「コードがわからない曲にコードをつけられる」ようになっていきます。

　例えば、テレビCMで流れてくる音楽に合わせて、すぐにアドリブできるようになります。逆に言えば、CMで流れてきた音楽に合わせてフレーズを弾く練習もすれば、より音感が身につきます。それが本当の音楽の基本であり、難しくない方法です。たとえ、ダイアトニック以外のコードが鳴っても、その瞬間に「この音が、こっちの音に変わったな」と判断できるようになります。それが、20代でできなかった僕が、今はできるのですから、音感もリズム感も生まれ持っていなくても向上させることは可能だと胸を張って言えるのです。

音感とリズム感は諦めなきゃUPする

第 8 章

Chapter:8

コードが
わかっていない曲で
アドリブ！

最後のこの章で、キーもコードも分からないままアドリブをしてみましょう。第8章用の付属 CD はカラオケになっています。まずは、次のページを見ないで **CD Track 55** を鳴らしてアドリブしてみてください。次ページから、弾いて良い音を見つける順番を説明します。

6弦の1音で
ここまで見つかる

　CD Track 55を少し聴くと、各小節の1拍目にベース音で「ボーン」と鳴っている音がありますね。まず、その音を口で言ってみます。そして、ギターの6弦でその（1オクターブ高い）音を探すのですが、やみくもに数本の弦でいろいろなフレットを鳴らすのは時間の無駄です。1本の弦で、開放弦から順番に1フレットずつ探せば、12フレット内に必ず音はあるのですから。そして、それは6弦で探せばコードを探す入り口となります。

　6弦6フレットのB♭音が見つかったと思います。ここで、パワー・コードと呼ばれる5弦8フレット音も弾いてOKとなります。この2音のオクターブ違いな同音を、他の弦で探すと下の図になります。1音が見つかっただけで、5本分のフレット位置が見つかります。

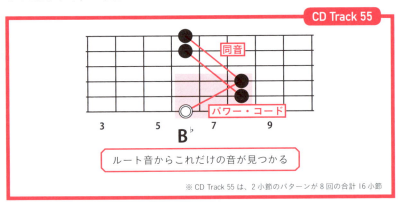

※ CD Track 55は、2小節のパターンが8回の合計16小節

　ただし、1音が見つかっただけでは、3弦でのフレットが決定しません。このコードが**B♭**（メジャー）なのか**B♭m**（マイナー）なのかは3弦で決定します。3弦6 or 7フレットの、どちらであるか？を判断するには7フレットを鳴らしてみます。この音が似合えば**B♭**コードです。似合わなければ（咄嗟に6フレットにスライドして）**B♭m**ということになります。

B♭コードの場合は、6フレットに人差指を乗せる北海道 BOX と、3フレットに人差指を乗せる雪上車 BOX を弾いて OK となります。

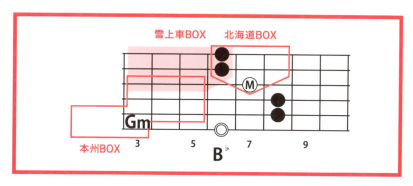

B♭m コードの場合は、6フレットに人差指を乗せる雪上車 BOX と、9フレットに人差指を乗せる北海道 BOX を弾いて OK となります。CD Track 55 の正解はこちらの B♭m です。

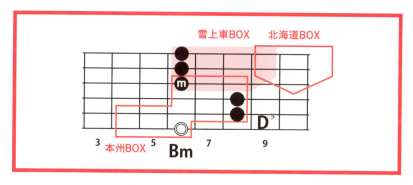

上記のことは、「B♭の時に、Gm っぽい位置が使える」「B♭m の時に、D♭っぽい位置が使える」という考えで捉えても OK です。次のページは、CD Track 56 でアドリブにトライしてから読んでください。

セブンス音の見わけ方

　CD Track 56 はコード一発のトラックです。まずはどのコードが使われているか当たりましょう。トラックを聴くと、一番低いベース音は6弦4フレット音だということがわかります。そこからさらにいろいろな音を当てていってみると、A♭のメジャー・コードが使われていることがわかると思います。

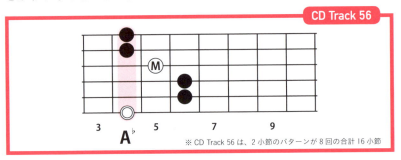

※ CD Track 56 は、2 小節のパターンが 8 回の合計 16 小節

　しかし、何かサウンドに不思議な音が含まれているような気がしませんか？　こういった場合はセブンス音が含まれていないか確認してみます（下図）。2弦の7フレットのセブンス音を鳴らしても違和感がないのでここで使われているコードはA♭7 ということになります。

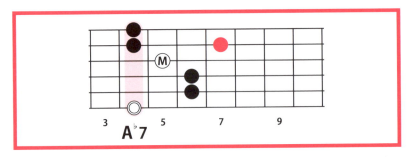

　もしセブンス音が合わない場合は、2弦8フレット or 1弦3フレットのメジャー・セブンス音が使って良い音になります。

P.118〜120までで使われたコードは「**C、Am、G7**」をそれぞれ半音上げた「**C♯、A♯m、G♯7**」を♭キーで呼ぶ「**D♭、B♭m、A♭7**」です。よって「北海道、雪上車、北海道」BOX で繋ぐことができます。元の C キーの場合を視覚化したものが下図になります。

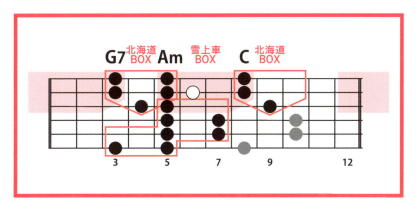

このイメージをズラして考えれば、すべてのキーでのプレイができます。そして、（上図で言う）2 弦 6 フレット音は、**G7** の「**7**」で、これが実は P.090〜091 の、**F** や **Dm** コードで使える 2 弦 6 フレット F 音です。

以降の CD トラックについて

CD Track 57 は、カラオケに合わせて自由にアドリブしてみてください。**CD Track 58、59** は本書で出てきた音源のギター音なしテイクで、本編より 2 倍の長さになっています。自由にアドリブを楽しんでください。答えは、P.125 に表記しています。

すべてのまとめ

最後に、もうひとつの本州 BOX を紹介します。これまでに使ってきた、もう片方の雪上車 BOX の下（北海道に繋がる）にあります。ただし、開放弦よりも低い音になった場合は、1 オクターブ上で考えます。

そして、「BOX は指板の 2 ヵ所に並んでいる」ということです。これは、第 6 章で「ドレミファ/ソラシド」が同じ音程差で、「飛ぶ - 飛ぶ - 飛ばない」「メジャー、マイナー、マイナー、メジャー」が 2 回あったことと同じ意味を持ち、**音の配列基本は真ん中で区切って左右が同じ**ということです。

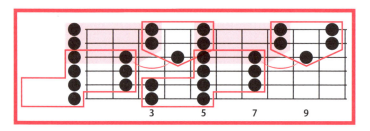

そして、●に限って（C キーの人差指バレー位置で）言うと **C** コードと **G** コードの所に北海道 BOX があり、**Am** と **Em** の所に雪上車 BOX があるということです。その際、北海道 BOX の中の○は、以下の 3 種類のどれかです。

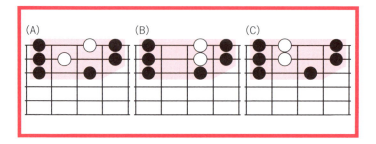

BOXの順番は「雪上車/北海道」が交互にあり、雪上車の中の○は（1ヵ所に1つではなく）3種類あるので、コードも気にしながら勘で弾きます。ルート音の1本高音側の弦の1フレット上の○と、ハーモニーが同じ角度な間は「経過音」で鳴らしていってOKです。そして、変な音を出したと思ったら1フレットずらすか、半音チョーキングすればOKですし、P.037の「半音下から持ってくる技」を持っていれば、すべてのフレットが使用OKとなります。すべてOKだと、かえって弾きにくいので●と○で分けて考えます。

　「m7$^{(\flat 5)}$」「dim7」「aug」といった特殊なコードは、それが出てきた瞬間のみ、そのフォームで押さえるフレットを気にして使えばOKです。そのコード・フォームで押さえている音は、リード・ギターに使って良い音で当然ですので。

　結局、アドリブは「キーで弾く」「コードで弾く」としても色々な手法があるので、理論で弾くことは大変&可能ではありつつ、音感で弾いても大丈夫ということです。本書の精神としては「考えるよりも1音を鳴らす」そして、指板全体をBOXでイメージして

●を7割、○を3割で弾く

が「アドリブをはじめる方法」です。

BOX ポジション早見表

　本書で紹介した、指板上で BOX を移動するイメージで●を把握する方法として、「BOX ポジション早見表」を考案しました。
　白いプリンタ用紙に指板図、透明な OHP フィルムに BOX 図をプリントし、三角柱に折って重ね合わせると、●の位置をさまざまなキーで確認できます。図のデータは下記よりダウンロードできます。

ダウンロード URL：http://www.rittor-music.co.jp/e/furoku

　上記サイトにアクセスの上、書名で検索してダウンロードしてください。制作方法は、データ同梱の PDF をご参照ください。

完成イメージ

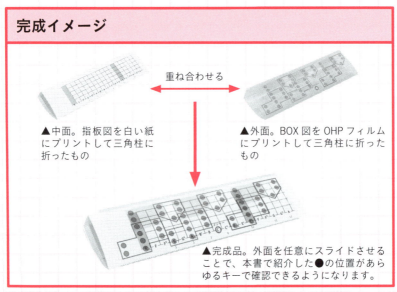

重ね合わせる

▲中面。指板図を白い紙にプリントして三角柱に折ったもの

▲外面。BOX 図を OHP フィルムにプリントして三角柱に折ったもの

▲完成品。外面を任意にスライドさせることで、本書で紹介した●の位置があらゆるキーで確認できるようになります。

※本書にプリンタ用紙、OHP フィルムは付属しません。ご了承ください。
※制作にはいくつか注意点がございます。作る場合は事前にデータ同梱の PDF をご確認のうえ、お試しください。

CD Track 57〜59 の答え

CD Track 57

Em		C		Em			
Em		D		G			

Repeat ×3

開放弦と 12 フレットが雪上車 BOX の位置です。早見表の◎を **G** と **Em** に合わせると BOX 位置が出ます。エンディングは **Em** で終わります。

CD Track 58

E7							
A7				E7			
B7		A7		E7		B7	

Repeat ×3

早見表の◎を **E** に合わせると明るいフレーズになり、**Em** に合わせると土くさいフレーズになります。エンディングは **F7**-**E7** で終わります。

CD Track 59

C		G		F		C	
C		G		F	G	C	

Repeat ×3

速いテンポなので手癖と「音勘」でプレイすることに挑戦してください。8 フレットで雪上車を使えば土くさくなり、北海道を使えば明るくなります。エンディングは **C**-**G**-**C** で終わります。

おわりに
Epilogue

　本書は、なるべく音楽理論を使わずに説明してきました。音楽は「多くの人が弾いたことを→誰かが理論にした」という順番なので、弾けるようになったなら、理論も理解しやすくなります。

　筆者は、いずれ「音楽理論を理論っぽくなく説明する」本を執筆したいと思っています。大雑把に言いますが、音楽理論の全て（膨大な量）を学んでいかなければならないのは、クラシック音楽の指揮者です。コード理論とスケールを学ぶ必要がある主な人は、ジャズ/フュージョン奏者です。ポップスとロックには、すべての音楽理論は要りません。1/3程度は知っておいた方が良いですが、1/3程度で良いのです。

　世に出ている理論書の多くには、ジャズ/フュージョン奏者に必要な量が書かれています。それを、ポップスやロックをやりはじめたばかりの人に理解せよ、という方が無理があります。理論を学べば弾けるようになるのではありません。弾けるようになると理論がわかるようになるのです。この順番をハッキリ認識しておいてほしいのです。

　では、いずれ筆者が「音楽理論1/3」を、理論っぽくなく書いたら、またお会いしましょう。

2016年10月　いちむらまさき

　岐阜生まれ、東京都調布市在住。ギタリスト、ウクレリスト、マンドリニスト、ライター。録音、ソロ活動、楽器セミナー、ライヴをしつつ、数々の教則本を出版。『ウクレレ上達100の裏ワザ』『ウクレレ・コードを覚える方法と押さえやすい指選びのコツ』『ギター作曲100の裏ワザ』『耳コピ上達100の裏ワザ』『ギター・コードを覚える方法とほんの少しの理論』(すべてリットー・ミュージック）などを執筆。調布市と、神奈川県橋本でギター/ウクレレ講師も。本書を説明する動画をYouTubeにアップしていきますので、探してみてください。
ホームページ：http://www.geocities.jp/ichimuramasaki/

考える前に鳴らしてみる

ギター・スケールを覚えないで
アドリブをはじめる方法

2016年11月25日 初版発行
2017年 3月24日 第2版発行

著者：いちむらまさき

デザイン：柏崎莉菜
編集／DTP：熊谷和樹
浄書：久保木 靖（Solo Flight）
マスタリング：大屋努

発行人：古森優
編集人：松本大輔
編集長：小早川実穂子
編集担当：永島聡一郎
印刷／製本：中央精版印刷株式会社
CDプレス：株式会社JVCケンウッド・クリエイティブメディア

［発行所］
株式会社リットーミュージック
〒101-0051　東京都千代田区神田神保町一丁目105番地
ホームページ：http://www.rittor-music.co.jp/

出版営業部
TEL：03-6837-5013　FAX：03-6837-5024

［お客様窓口］
商品に関するお問い合わせ
リットーミュージックカスタマーセンター
TEL：03-6837-5017　FAX：03-6837-5023
e-mail：info@rittor-music.co.jp

［書店／取次様ご注文窓口］
リットーミュージック受注センター
TEL：048-424-2293　FAX：048-424-2299

© 2016 Masaki Ichimura　© 2016 Rittor Music, Inc.
Printed in Japan　ISBN978-4-8456-2884-1

落丁・乱丁本はお取り替えいたします。
本書記事の無断転載・複製は固くお断りいたします。

本書の無断複写は著作権法上での例外を除き禁じられています。複写される場合は、そのつど事前に、（社）出版者著作権管理機構（電話 03-3513-6969、FAX 03-3513-6979、e-mail: info@jcopy.or.jp）の許諾を得てください。

JCOPY　＜（社）出版者著作権管理機構 委託出版物＞